좋은 책을 읽다 보면, 오랫동안 안다고 생각했던 성경 이야기가 전혀 다르게 다가올 때가 있다. 이상환 교수의 『인간과 함께한 신』이 바로 그런 책이다. 이 책은 예수님의 공생애를 신화적 상상력이라는 낯선 렌즈로 조명한다. 낯설게 읽는다는 건 불편하다. 하지만 그 불편이 우리를 더 깊은 이해로 이끈다. 성경을 '사실이냐 허구냐'로 재단하려는 습관에서 벗어나, 고대인의 언어와 감각으로 다시 들으라는 그의 제안은 신선하면서도 설득력이 있다. 읽다 보면, 익숙했던 본문이 새로워지고, 무뎌진 마음에 새로운 생기가 불어온다. 교리의 평면에 갇혀 있던 말씀이 살아 움직인다. 무엇보다 이 책은 독자로 하여금 다시 중요한 질문을 던지게 만든다. "나는 지금 복음을 어떤 눈으로 보고 있는가?", "예수님을 어떻게 이해하고 있는가?" 『인간과 함께한 신』은 단순한 학문적 시도가 아니다. 복음을 더 깊이, 더 풍성하게 경험하도록 돕는 친절한 안내서다. 설교자에게는 새로운 영감을, 성도에게는 신선한 깨달음을 줄 것이다. 낯설게 읽을 때 비로소 더 선명해지는 복음, 그 길로 우리 모두를 초대하는 이 책을 자신 있게 권한다.

김관성 목사
낮은담침례교회

개인적으로 오랫동안 기독교 안에서 이상적인 학자와 저자는 C. S. 루이스라고 생각해 왔다. 그는 눈에 보이는 세계를 날카로운 지성으로 탐구하면서도 눈에 보이지 않는 또 다른 세상을 그려내는 상상력이 빼어난 문장으로 전 세계 기독교인과 회의주의자들의 마음을 흔들었다. 그는 『사자와 마녀와 옷장』에서 루시가 보고 온 옷장 너머의 세계를 불신하는 남매들에게, 다른 증거가 없는 한 논리적으로 그의 말을 믿는 것이 논리학에 들어맞는다고 말한다. 그리고 어디에나 다른 세계가 숨어 있다는 사실을 믿기 어려워하는 아이들을 보며 이렇게 혼잣말한다. "요즘 학교에서는 도대체 뭘 가르치는지 모르겠군." 내가 보기에 저자는 한국의 C. S. 루이스이다. 세계적인 학자로 발돋움한 그는 성경에 대한 깊이 있는 연구를 문학적인 언어로 자유자재로 구사하는 발군의 역량을 보여준다. 루이스가 북유럽 신화의 상상력에 흠뻑 젖었다면, 저자는 남유럽 신화를 사용해서 기독교의 진리를 풀어낸다. 저자는 여전히 신화적 상상력을 그저 미신 정도로 치부하는 우리에게, 눈에 보이는 것을 전부로 여기는 우리에게 또 다른 세계에 대한 상상력을 듬뿍 선사한다.

김기현 교수
한국침례신학대학교

『인간과 함께한 신』은 예수님의 성육신 이야기를 그리스-로마 신화와 병치하여 새롭게 읽는 방식을 제안한다. 고정된 해석과 이데올로기적 문학 양식으로부터 낯설음을 추구했던 러시아 형식주의자들의 도전적인 시도처럼, 저자는 너무나도 친숙한 나머지 때로는 관습적으로 읽게 되는 예수님의 성육신 이야기에 낯선 생동감을 불어 넣는다. 저자의 또 다른 책인 『신들의 신 예수』에서 예수님의 신성을 그리스-로마의 종교성에 비추어 읽었다면, 『인간과 함께한 신』에서는 예수님의 인성을 고대 세계의 문화, 사회, 종교적 배경에서 조명함으로써, 고대 사람들이 느꼈을 충격을 현대인들에게 생생하게 전달한다. 따라서 두 권의 책을 함께 읽는 것을 추천한다. 무엇보다 놀라운 것은 본서가 허구와 진실, 역사성과 신앙, 학문과 믿음 사이에서 한 가지를 위하여 다른 한 가지를 희생시키지 않는다는 점이다. 저자는 신학적 탐구와 신앙의 고백 사이에서 어느 것 하나 포기하지 않고 씨름하며 예수님의 성육신의 의미를 탁월하게 드러낸다. 무엇보다 저자의 글쓰기가 매우 친절하다. 다양한 해석적 철학과 방식(예, 비교문헌 연구, 역사적 연구, 상호텍스트성, 독자비평 등)이 녹아 있지만 전문 지식이 전혀 없어도 하룻밤 사이에 다 읽을 수 있게 하는 저자의 필력과 친절함이 그저 놀라울 정도다. 관념화된 해석과 신앙은 안정감을 주기도 하지만 실상은 박제되어 생명이 없는 화석과도 같다. 그동안 예수님의 성육신이 화석과 같이 신앙의 박물관에 걸려 있었다면, 이 책을 들고 읽으라. 당신의 박물관이 살아있음을 느낄 것이다.

김두석 교수
광신대학교

이 책은 시대의 감옥에 갇힌 현대인의 합리주의적 편견에 저항하고, 그로부터 탈출하여 그리스-로마 신화의 광야를 지나 가나안 땅으로 향하는 성경 해석의 출애굽 여행이다. 고대인의 눈으로 성경을 읽고자 아주 멀리 떠난 용감한 탐험가의 모험적 여정이다. 서구인들이 오래도록 장악해 온 성경 해석의 패권에 도전하는 젊은 한국인 신학자의 독립선언문이다. 우리 시대의 최첨단 성경 연구자로서 탁월한 업적을 계속해서 세계 학계에 발표하고 있는 저자는 성경이 기록되던 시대에 예수님의 복음을 들었던 이방인들의 눈으로 성경을 읽고자 한다. 오늘날 현대인에게 암호가 되어버린 과거의 은유를 드러내고, 해석의 장벽이 되어버린 상징을 파악하여, 예수님의 눈부시게 아름다운 말씀의 묘미를 더욱 진하게 맛보게 한다. 무엇보다도 우리가 안다고 착각했던 예수님을 전율과 떨림 속에서 새롭게 만나게 한다. 이 책을 통하여 그리스도인들은 그들이 믿는 예수님을 더욱 깊이 이해하게 될 것이다.

신현우 교수
총신대학교

종교사학파에서 진보적인 해석으로 예수 그리스도를 설명했던 것과 달리, 『인간과 함께한 신』은 복음적 관점을 유지하면서도 그리스-로마 신화와 문학을 통해 신약성경을 해석한다. 또한 이 책은 독자들이 그리스-로마 배경에서 신약성경을 읽을 때 필연적으로 느낄 수밖에 없는 거부감을 완화해주고, 학문적으로 그리스-로마의 신화와 신약성경의 관계를 이해하려고 할 때 생기는 진입 장벽을 낮춰 준다. 분명히 1세기 이교도들에게 예수 그리스도는 매우 낯선 존재였다. 이 책의 최대 장점은 이 낯선 그리스도교의 신을 소개하여 복음을 전파하기 위해서, 신약성경 저자들이 이교도들의 삶의 환경인 그리스-로마 신화와 문화를 활용했다는 사실을 설득력 있게 보여준다는 것이다. 이러한 저술 의도는 책 전체에서 나타난다. 하지만 이 책은 그리스-로마 신화와 신약성경과의 유사점을 설명하는 데 그치지 않는다.

예를 들면, 에로스 등을 포함한 그리스의 신의 사랑과 비교되는 예수 그리스도의 자발적인 사랑의 독특성을 탁월하게 설명한다. 특히 요한복음 6:53에 나오는 예수 그리스도의 매우 충격적인 말씀("너희가 인자의 살을 먹지 아니하고, 또 인자의 피를 마시지 아니하면, 너희 속에는 생명이 없다.")을 설명하기 위해서, 그리스-로마 신화에 나오는 신들의 음식인 암브로시아와 음료인 넥타르를 다룬 3장이 돋보인다. 저자는 이사야 55:1~7과 연결하여 독자들이 성경 전체의 내용을 통전적으로 이해하도록 돕는다. 저자는 일반 독자들도 쉽게 공감할 수 있도록 이끌면서도, 동시에 은혜로운 신앙을 새롭게 재발견할 수 있도록 돕는 저술의 묘미를 보여준다. 그리스-로마 배경에서 신약성경을 새롭게 보기를 원하는 사람이라면 반드시 읽어 봐야 하는 책으로 추천한다.

조재형 교수
강서대학교

저자는 전작 『신들과 함께』와 『신들의 신 예수』에서 고대의 여러 자료를 바탕으로, 기존의 다른 세계관과의 체계적인 대비와 대조를 통해서 여호와 유일신 신앙과 예수님의 신성을 더없이 생생하게 드러낸 바 있다. 우리가 늘 들어오고 접해서 당연한 줄 알았던 내용들이 저자의 손끝을 거치면서 특별하고 놀랍게 드러났다. 평면적으로 보였던 기독교 신앙의 중요한 진리들이 이상환이라는 장인의 조각도를 통해 입체적인 부조 조각품으로 되살아났다고 할까. 그런 저자가 이번에는 그리스-로마 신화를 들고 돌아왔다. 신약성경이 소개하는 예수님의 모습과 사역은, 그리스-로마 신화에 푹 잠겨 그 신화의 눈으로 세계를 이해하던 사람들에게 어떻게 다가왔을까? 그리스-로마 신화에 대한 저자의 친절한 설명과 안내를 거치니, 예수님의 보혈, 희생적 죽음, 성찬 등 그분에 관해 우리가 안다고 생각한 것들이 새롭고 의미심장하게 다가온다. 저자는 그리스-로마 신화라는 배경 지식과의 적절한 대비를 통해 자신이 드러내고자 한 교훈을 충분히 드러냈다 싶으면, 신실한 목회자와 가슴 뜨거운 설교자의 면모를 드러내기도 한다. 즉, 충분히 증명하고 설득했다 싶으면, 그래서 분위기가 무르익었다 싶으면 그때부터 강력하게 초청한다. 격려한다. 그래서 이 책은 저자의 이전 저서들과 마찬가지로 독자의 머리와 가슴을 동시에 저격하고 흔든다. 어떤 사람들은 성경에 나오는 예수님 이야기와 그리스-로마 신화의 유사성을 발견할 때마다 그것을 모방이나 표절이라고 주장한다. 그것은 모종의 유사성을 발견할 때 생각할 수 있는 일차적인 반응이다. 하지만 저자의 설명을 듣고 있으면 그것이 일차원적이고 평면적이고 기계적인 대응임을 깨닫게 된다. 저자가 제시하는 개별적 지식뿐만 아니라 그가 보여주는 큰 그림을 바라보는 시각이 우리에게 더 중요한 이유다. 저자의 안내를 따라가다 보면 더 이상 그리스-로마 신화가 비기독교적이고 이교적이며 물리쳐야 할 오류 덩어리로 보이지 않는다. 오히려 사람들이 복음에 쉽게 다가갈 수 있도록 이끌고, 예수님을 받아들이는 데 도움을 주는 일종의 접점이 된다. 그렇다면 지금 우리에게 주어진 비기독교적인 세계관의 요소들 가운데서도 예수님과 복음을 소개할 수 있는 접점을 찾을 수 있지 않을까 묻게 된다. 이러한 배경에서 『인간과 함께한 신』은 일반 문화와 세계관을 긍정적이고 창조적으로 바라보도록 격려하고 독려하는 강력한 사례 연구다.

홍종락
번역가

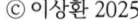 이상환 2025
이 책의 저작권은 저자와 도서출판 학영에 있습니다. 신 저작권법에 의하여 한국 내에서 보호받는 저작물이므로 무단 전재와 무단 복제를 금합니다.

낯설게 읽기 시리즈

인간과 함께한 신

예수님의 공생애 낯설게 읽기

이상환 지음

네가 나를 사랑하느냐?
〔나는 너를 사랑한다.〕

네가 나를 사랑하느냐?
〔나는 너를 정말 사랑한다.〕

네가 나를 사랑하느냐?
〔나도 너로부터 더 큰 사랑을 받길 원한다!〕

목 차

프롤로그 \ 되찾고 싶은 신화적 상상력 \ 13

제1장 \ 로미오와 줄리엣, 그리고 태양신 \ 21

제2장 \ 나는 사랑을 강요하지 않는다 \ 37

제3장 \ 내 암브로시아를 먹고, 내 넥타르를 마시라 \ 71

제4장 \ 내 빛, 너의 어둠을 몰아낸 참 빛 \ 105

제5장 \ 지하세계에 울려 퍼진 나의 목소리 \ 131

제6장 \ 너의 운명, 내가 뒤엎었다 \ 157

제7장 \ 내 피는 다른 신들의 피보다 진하다 \ 189

에필로그 \ 이번 여행을 마치며 \ 217

소그룹 나눔 \ 223

프롤로그 \ 되찾고 싶은 신화적 상상력

딸과의 대화

텍사스의 어느 고요한 아침이었다. 나는 책상에 앉아, 그리스-로마 신화를 어떻게 이해하고 접근할 것인지를 다룬 학술서를 읽고 있었다. 문장마다 고대 세계의 숨결이 어렴풋이 피어오르고 있을 때, 딸아이가 다가왔다. 책 제목을 한참 바라보던 아이는 고개를 살짝 갸웃하더니 물었다.

아빠, 왜 어른이 진짜 있었던 일(factual events)도 아닌 책을 읽어요?

그러더니 혹시 사실과 허구를 구별하려고 읽는 것이냐고 재차 물었다. 그 순간 서구 교육 환경에 익숙한 아이답다는 생각이 스쳤다. 세상은 늘 무언가를 나누고 구분 짓는다. 참과 거짓, 사실과 허구, 믿을 만한 것과 그렇지 않은 것. 나는 아이의 눈을 바라보며 조용히 되물었다.

무엇이 사실이고, 무엇이 허구일까?

그리고 이렇게 덧붙였다.

우리가 사실과 허구를 나누는 그 경계선은 누가 만든 걸까? 사람들은 사실의 영역에 속한다고 믿는 것들 속에서도 허구를 마주하고, 허구로 분류된 이야기 속에서도 놀라운 진실을 발견하곤 하지. 오늘은 허구라 여겨지는 것이 내일은 사실이 될 수도 있고, 반대로 오늘은 사실로 믿지만 언젠가는 허구였다고 판명되는 것들도 있지 않을까? 우리는 사실로만 배우지 않아. 허구로 여겨지는 것들로부터도 얼마든지 배울 수 있어.

딸아이의 눈빛에 조용한 파문이 일었다. 한참을 생각하던 딸은 고개를 끄덕이더니, 『Dog Man』이라는 아주 허구적인 책을 들고 와 내 옆에 앉았다. 그리고 페이지를 넘기며 읽기 시작했다. 곧 딸의 깔깔거리는 웃음소리가 방 안을 가득 채웠다. 그 소리는 마치 아침 하늘을 가로지르며 날아가는 새의 날갯짓처럼, 가볍고도 맑게 내 마음 깊은 곳까지 퍼져나갔다.

아빠의 마음

나는 내 아이가 오직 "사실적 사건"(factual events)에만 가치를 두는 사람으로 자라지 않기를 바란다. 세상에는 눈으로 볼 수 없고 손으로 만질 수도 없는 진실들이 있다. 때로는 허구적인 이야기 속에서 삶의 의미를 떠올리고, 자신을 비춰 보며, 현실 너머의 세계로 상상의 나래를 펼쳐 보는 경험이 필요하다. 그런 일탈과 탈춤은 결코 회피나 도피가 아니다. 그것은 현실의 무게를 잠시 내려놓고, 삶의 본질에 더 가까이 다가가기 위한 작은 숨 고르기다. 허구의 옷을 입은 진실이 마음을 적실 때, 우리는 그동안 지나쳐 온 감정의 결들을 다시 들여다볼 수 있다. 그 순간은 고단한 일상에 스며드는 위로이자, 예기치 못한 깨달음이 찾아오는 시간이다.

사실의 세계만으로는 담아낼 수 없는 것들이 있다. 그래서 나는 아이가 책 속에서 상상과 이야기를 통해, 그 너머에 있는 넓고 깊은 세계를 마주하길 소망한다. 그것이야말로 삶을 더 깊고 풍성하게 만들어 주는 정신의 청량제이기 때문이다.

일상에서 거부되는 신화적 상상력

우리는 성경을 하나님의 유일무이한 특별계시로 믿는다. 성경은 시간이 지나도 바래지 않는 진리의 보고(寶庫)이며, 어둠 속에서 길을 밝혀 주는 하늘의 등불이다. 그러나 이처럼 귀하고 복된 말씀을 대하는 우리의 자세는 과연 그에 걸맞을까? 돌아보면, 우리의 태도에는 고쳐야 할 점이 적지 않다. 과학적 사고방식이 일상의 공기처럼 자연스러워진 시대 속에서 어느새 우리는 '과학의 기준'을 진리의 최종 척도로 삼게 되었다. 그리고 그 기준으로 성경 본문을 재단하며, 무엇이 사실이고 무엇이 허구인지 가려내려 한다. 그렇게 우리는 고대인의 눈으로 성경을 읽는 일을 부끄러워하고, 성경을 시대착오적인 텍스트로 여긴 채, 철저히 현대적인 감각으로 해체하고 분석하기에 바쁘다.

그러나 나는 그런 태도가 성경을 대하는 올바른 자세라고 생각하지 않는다. 아니, 그 어떤 고대 문헌을 대하는 데 있어서도 건강한 접근은 아닐 것이다. 진정한 해석이란 안경을 씌우는 일이 아니라, 텍스트의 맥락과 숨결에 귀를 기울이는 일이어야 한다. 그렇지 않으면 성경의 본래 메시지를 드러내지 못하고, 도리어 시대적 편견을 되풀이할 뿐이다. 하나님께서는 상상력이 숨 쉬던 고대의 시대 속에서, 그 시대의 언어와 상징을 통해 당신의 뜻을 계시하셨다. 지구는 네모나고, 하늘 위에는 바다가 있으며, 별들은 신들의 불꽃이라고 믿었던 시대. 하나님은 그런 인식의 한계를 가진 인간들을 정죄하지 않으시고, 오히려 그들의 세계관 속에서 그들의 언어로 말씀하셨다. 이것이 하나님의 깊고도 따뜻한 배려가 아니고 무엇이겠는가?

그렇기에 오늘날 우리가 성경을 읽을 때에도, 이러한 하나님의 의사소통 방식—고대인의 한계를 인정하고 배려하는 소통 방식—

을 존중하며 읽어야 한다. 고대인의 눈으로 세상을 바라보고, 그들의 귀로 하나님의 말씀을 다시 들어보려는 겸손함. 그것이야말로 성경을 살아 있는 말씀으로 대하는 첫걸음일 것이다.

학계에서 거부되는 신화적 상상력

성경을 현대인의 관점에서 분석하려는 경향이 교회 안에서만 나타나는 현상은 아니다. 오히려 학문의 세계에서는 더 노골적으로 나타난다. 학계의 다수는 여전히 서구식 이성의 잣대로 성경을 재단하고, 본문을 사실과 허구로 이분하려 든다. 마치 두부를 자르듯 명확하게 나눌 수 있다는 듯이, 마치 모든 진리가 해부대 위에서만 존재한다는 듯이. 물론 최근 들어 성경이 기록된 시대의 역사적, 문화적 배경을 충분히 고려해야 한다는 목소리가 곳곳에서 들리기 시작한다. 성경의 의미는 그 시대 사람들의 눈과 귀로 복원되어야 한다는 절실한 외침이다. 하지만 이 목소리는 여전히 미약하며 주류 학계의 소음 속에 묻히기 일쑤다.

돌아보면, 지금까지 내가 출판해 온 학술 논문 대부분이 신적 대상을 중심으로 삼고 있다는 사실은 우연이 아닐지도 모른다. 어쩌면 그것은 내가 이런 흐름에 조용히 맞서 온 작은 지항의 발자국들일 수 있다. 『신들과 함께』, 『신들의 신 예수』, 그리고 지금 집필 중인 「낯설게 읽기 시리즈」까지. 나는 나만의 방식으로 서구식 해석의 패권에 도전해 왔다고 말할 수 있다.

나는 오늘날의 해석 방식이 상징과 신비에 대한 감각을 잃어버렸다는 사실에 깊은 아쉬움을 느낀다. 아니, 단지 잃어버린 수준이 아니라 의지적으로 그 감각을 묵살해 버렸다고 말하는 편이 더 정확하겠다. 그러나 성경은 그저 사건의 기록이 아니다. 그것은 하나님의 계시를 담고 있으며, 상징과 은유, 환시와 시의 형식으로 직조된 거룩한 이야기다. 그렇기에 우리가 성경의 말씀 앞에 설 때 필요한 것은, 고대에는 존재하지도 않았던 현대식 기준이 아니다. 우리에게 필요한 것은 하늘과 바다의 푸르름을 볼 수 있었던 시대의 독자들이 가졌던 풍성한 신화적 상상력과, 그들이 자연스럽게 이해했던 은유적 감각이다. 그러한 상상력과 감각을 회복할 때, 우리는 비로소 깊은 수면 아래를 들여다볼 수 있게 된다.

주변에 존재하는 신화의 흔적들

잠시 빠른 발걸음을 멈추고, 천천히 주변을 둘러보자. 익숙한 풍경 속에 낯선 이야기 하나가 숨어 있을지도 모른다. 우리가 피로를 달랠 때 찾는 음료, 박카스를 예로 들어 보자. 이 음료의 이름은 그리스 신화 속 술과 환희의 신 디오뉘소스의 로마식 이름, 바쿠스에서 유래했다. 만약 우리가 단 한 번이라도 박카스를 마시며 기분을 전환한 적이 있다면, 이미 신화적 상상력에 빚을 지고 있는 셈이다. 혹시 신발장 어딘가에 나이키 운동화 한 켤레가 놓여 있는가? 그렇다면 우리는 또 한 번 신화의 도움을 받은 것이다. 나이키는 그리스 신화 속 승리의 여신, 니케의 이름에서 비롯되었다. 우리는 산속 연못에서 도끼를 잃은 나무꾼과 산신령의 이야기를 통해 정직의 미덕을 배웠다. 그러나 이 이야기 역시 따지고 보면 신화에서 비롯되었다. 그 원형은 고대 그리스의 헤르메스 신화를 바탕으로 한 이솝우화 이야기다.

이처럼 우리의 일상은 신화적 상상력의 흔적들로 가득 차 있다. 우리는 그것을 의식하지 못한 채 살아가지만, 그 흔적들은 여전히 우리 곁에 머물며 기억의 궤적을 그리고 있다. 더 나아가 신화는 의식적으로든 무의식적으로든 우리가 삶의 소소한 기쁨을 누릴 수 있도록 돕는다. 신화는 박물관의 유리관 속에 갇힌 과거가 아니다. 오히려 지금도 우리의 삶 한켠에서 조용히 숨 쉬며 살아가고 있는, 익숙하지만 낯선 친구다.

왜 우리는 「어벤져스」를 보며 열광하는가? 왜 「위키드」를 따라 노래하고, 「무빙」을 보고 눈물 지으며, 「조명가게」를 통해 울림을 경험하는가? 그 이야기들이 허구라는 사실을 모르기 때문일까? 아니다. 오히려 우리의 내면은 '사실과 허구는 명확히 구분되어야 한다'는 이성의 명령에 은밀히 저항하고 있는 것이다. 곧 우리 안의 오래된 감각이 신화적 상상력을 향해 조용히 손을 내밀고 있는 것이다.

나의 작은 소망

나는 메마르고 각박한 오늘을 살아가는 현대인이, 사실과 허구를 흑백처럼 나누는 대신, 그 경계 너머를 자유롭게 넘나드는 여유와 지혜를 갖게 되기를 바란다. 삶은 결코 단순한 이분법으로 환원되지 않는다. 허구 속에도 진실은 숨 쉬고, 진실 속에도 상징은 스며든다. 그 깊은 결을 이해하는 순간, 우리는 세상을 한결 다정하고 너그러운 눈으로 바라볼 수 있게 된다.

나는 소망한다. 이 황량하고 피로한 세계를 조금 더 유쾌하게, 조금 더 아름답게 살아갈 수 있기를. 끝없는 싸움과 편 가르기가 난무하는 교회 안에 진정한 평화와 화해의 숨결이 깃들 수 있기를. 그리고 무엇보다도, 하나님의 특별계시인 성경이 우리의 협소한 논리와 이성의 틀보다 훨씬 더 크고 오묘하며, 풍성한 뜻을 품고 있다는 사실을 우리가 마음 깊이 깨닫게 되기를. 나는 오늘도 그런 세상을 꿈꾸며 글을 쓴다. 이 작은 책, 『인간과 함께한 신: 예수님의 공생애 낯설게 읽기』가 그 크고 위대한 일에 단 한 줌의 빛이라도 보탤 수 있다면, 그것만으로도 나는 더없이 행복할 것이다.

텍사스 주 달라스에서
이상환

제1장 \ 로미오와 줄리엣, 그리고 태양신

많은 현대 독자들은 셰익스피어의 언어를 난해하게 느낀다. 가장 대표적인 원인은 그의 작품이 고전적 인용과 신화적 암시로 촘촘히 직조되어 있기 때문이다. 셰익스피어는 고대 그리스와 로마의 신화, 역사, 문학에서 끊임없이 의미를 끌어와 인물의 정서와 운명을 더욱 풍부하고 입체적으로 그려냈다. 그러나 이러한 언어적 장치는 현대 독자들 앞에서 자주 힘을 잃는다. 고전 교육의 쇠퇴와 신화적 상상력의 약화 때문이다. 르네상스 시대에 활동한 셰익스피어의 작품을 온전히 이해하려면, 그가 숨 쉬던 세계의 신화적 코드를 해독할 수 있어야 한다. 그렇다면 그리스-로마 신화의 언어와 상징 속에서 형성된 신약성경은 과연 어떻게 읽혀야 하겠는가? 많은 학자들이 인정하듯, 신약성경은 고대 지중해 세계의 풍부한 상징 체계와 문화 자산을 적극 활용한 텍스트이다. 그중에서도 그리스-로마 신화는 단지 시대적 배경 지식의 차원을 넘어, 복음의 메시지를 구성하고 전달하는 데 있어 중요한 전략적 장치로 작동한다.

제1장 \ 로미오와 줄리엣, 그리고 태양신

로미오와 줄리엣

달려라, 불타는 발굽의 말들아,
포이보스의 처소를 향해 하늘을 가르며!
파에톤 같은 마부가 너희를 몰아 서쪽으로 채찍질해
구름 낀 밤을 당겨 온다면 얼마나 좋을까.

Gallop apace, you fiery-footed steeds,

Towards Phoebus' lodging.

Such a wagoner as Phaëthon would whip you to the west,

And bring in cloudy night immediately.

이것은 셰익스피어의 비극 「로미오와 줄리엣」 제3막 2장에 등장하는 줄리엣의 독백이다. 그녀는 지금 발코니에 나와, 사랑하는 로미오가 오기를 애타게 기다리고 있다. 그러나 시간은 도무지 흐를 줄을 모른다. 마치 일 분이 한 시간처럼, 한 시간이 하루처럼 느껴질 만큼 기다림은 길고도 아프다. 줄리엣은 초조한 마음에 발을 동동 구르며 이 절절한 독백을 흘리듯 읊조린다. 이 장면은 「로미오와 줄리엣」 전체를 통틀어 가장 인상적인 장면 중 하나라고 해도 과언이 아니다. 셰익스피어의 시적 언어와 인간 정서가 절묘하게 어우러지는 이 대목은, 사랑이라는 감정이 어떻게 시간을 왜곡하고 현실을 무력화하는지를 아름답고 격렬하게 그려 낸다.

하지만 이처럼 감정이 고조된 장면에도 불구하고, 현대 독자들은 줄리엣의 독백 앞에서 낯섦의 감정을 느낀다. 줄리엣의 말에는 현대인들이 쉽게 이해하기 어려운 고전적 상징과 신화적 암시가 가득하다. 예컨대, "포이보스"는 누구인가? "파에톤과 같은 마부"는 또 어떤 존재인가? 작품 전체를 아무리 뒤적여도, 셰익스피어는 이에 대한 해설을 제공하지 않는다. 줄리엣, 아니 셰익스피어는 독자들이 이미 이러한 상징과 신화적 인물들을 알고 있으리라 가정하고 글을 썼다.

많은 현대 독자들이 셰익스피어의 언어를 난해하게 느낀다. 여러 이유가 있겠지만, 가장 대표적인 이유는 그의 작품이 고전적 인용과 신화적 암시로 촘촘히 직조되어 있기 때문일 것이다. 셰익스피어는 고대 그리스와 로마의 신화, 역사, 문학에서 끊임없이 의미를 끌어와, 인물의 정서와 운명을 더 풍부하고 입체적으로 그려 냈다. 그러나 이러한 언어적 장치는 현대 독자들 앞에서 자주 힘을 잃는다. 고전 교육의 쇠퇴와 신화적 상상력의 악화. 그것이 우리에게서 무엇을 앗아 갔는지를 줄리엣의 독백 앞에서 뼈아프게 깨닫게 된다. 과거에 은유였던 것이 지금은 암호가 되고, 과거에 상징이었던 것이 지금은 장벽이 된다. 우리는 더 이상 줄리엣이 본 하늘의 이미지를 온전히 그려 낼 수 없고, 그녀의 언어 속에 깃든 신화적 울림을 온전히 들을 수 없다. 물론 그 울림은 여전히 그 자리에 있다. 단지, 우리가 그 소리에 귀를 기울이지 못하게 되었을 뿐이다.

줄리엣이 언급한 태양신과 반신반인

줄리엣이 언급한 "포이보스"는 고대 그리스 신화에 등장하는 태양신이다. '밝은 자'를 뜻하는 이 이름은 아폴론 혹은 헬리오스의 신적 속성을 강조할 때 쓰였으며, 빛과 생명의 원천으로서의 신비와 위엄을 담고 있다. "파에톤"은 포이보스의 아들이자, 신과 인간 사이 경계선에 선 반신반인의 존재였다. 그는 무모한 열망으로 인해 비극을 맞은 인물이기도 하다.

신화에 따르면,[1] 파에톤은 자신의 신성을 증명하고자 아버지에게 태양의 마차를 몰게 해 달라고 간청한다. 아버지는 극구 반대하

---

1 이 신화는 본서 제5장 「지하세계에 울려 퍼진 나의 목소리」 서두에 있는 '태양마차를 끄는 파에톤' 단락에 자세히 소개되었다. 그 부분을 먼저 읽은 뒤, 이 지점으로 다시 돌아와도 된다.

지만 파에톤은 계속해서 간청한다. 결국 아버지의 허락을 받아 천상에 오르지만, 어리고 미숙한 파에톤은 태양의 불타는 마차를 제어하지 못한다. 결국 마차는 궤도를 벗어나고, 태양은 지구를 지나치게 달구며 세상을 불태우기 시작한다. 혼란에 빠진 우주의 질서를 회복하기 위해, 제우스는 벼락을 던져 파에톤을 하늘에서 떨어뜨린다. 파에톤은 그 추락 속에 생을 마감하고, 그의 무덤은 인간이 넘어서서는 안 될 경계선 위에 세워져 기념비가 되었다.

이러한 신화적 배경을 염두에 두고 줄리엣의 독백을 다시 읽어보자. 그녀의 읊조림이 전혀 다른 울림으로 다가온다. 이전엔 낯설고 어려웠던 상징들이 이제는 사랑의 조급함, 기다림에 타는 목마름, 그로 인해 마침내 파국까지 내달릴 수 있는 인간의 열정을 담아내는 상징으로 되살아난다.

> 달려라, 불타는 발굽의 말들아,
> 포이보스의 처소를 향해 하늘을 가르며!
> 파에톤 같은 마부가 너희를 몰아 서쪽으로 채찍질해
> 구름 낀 밤을 당겨 온다면 얼마나 좋을까.

지금 그녀는 로미오가 돌아오기만을 애타게 기다리고 있다. 그러나 해는 좀처럼 기울 줄을 모른다. 마치 시간이 일부러 그녀를 괴롭히기라도 하듯 느리게만 흐른다. 초조함이 극에 달한 줄리엣은 절박하게 속삭인다. 무모한 "파에톤 같은 마부"가 나타나 태양의 마차를 궤도에서 틀어 버리고, 하늘의 질서를 거슬러서라도 하루를 단축시켜 주기를. 느릿하게 넘어가는 지 태양이 서둘러 저물고, 간절히 기다리던 밤이 찾아와 마침내 로미오가 곁으로 오기를.

파에톤 신화를 알고 있는 독자라면, 줄리엣의 독백에서 단지 조급함만이 아니라, 그 조급함 속에 도사리고 있는 격정적 욕망과 그 욕망이 초래할지도 모르는 파괴적 결말까지 함께 감지하게 된다.

지금 줄리엣은 단순히 연인을 기다리는 순수한 소녀가 아니다. 그녀는 시간과 자연의 질서마저 거스르고자 하는 욕망에 사로잡힌 사랑의 포로다. 그 욕망은 이미 경계를 넘고 있다. 로미오가 속히 오기를 간절히 바라는 그녀의 마음은, 태양의 궤도를 틀어 버렸던 파에톤의 무모한 열망, 곧 파국까지 내달릴 수 있는 타는 듯한 열망과 맞닿아 있다. 셰익스피어는 이러한 격렬함을 고대 신화의 상징 언어로 감싸안음으로써, 사랑의 절박함이 지닌 파괴적 에너지를 극적으로 드러낸 것이다.

알면 보이는 것들

이처럼 줄리엣의 독백을 온전히 이해하기 위해서는 단순히 문장을 해석하고 번역하는 것만으로는 부족하다. 줄리엣이 왜 하필 파에톤의 이름을 언급했는지 알아야 하고, 그 이름에 담긴 신화적 상징성—청춘의 열정, 무모함, 그리고 필연적인 파멸—이 그녀의 운명과 어떻게 평행을 이루는지를 알아야 한다. 줄리엣이 파에톤의 이미지를 소환한 바로 그 순간, 그녀는 무의식적으로 자신의 파국을 예언한 셈이다. 로미오를 향한 그녀의 사랑은 스스로를 불태운다. 그 사랑은 단지 설렘이나 기다림에 머물지 않고, 시간과 질서의 경계를 넘어서서 마침내 죽음이라는 종착지로 내달린다. 아직 줄리엣은 그 사실을 알지 못하지만, 셰익스피어는 짧은 독백 속에 그녀의 운명을 조심스럽게 심어 놓았다.

문제는 셰익스피어가 사용한 이러한 문학적 장치들이 현대 독자들에게는 더 이상 자명하지 않다는 데 있다. 고전 문해력의 쇠퇴와 함께, 고대 신화가 제공하던 문화 언어와 정서 코드가 현대 독자들에게는 점점 낯선 것이 되고 있기 때문이다. 줄리엣의 간절함과 비극적 예감이 교차하는 장면은, 신화적 상징을 알고 있는 이들에게는 큰 정서적 공명을 불러일으키지만, 그것을 모르고 접근할 때는 단순한 수사적 과장이나 시적 장식으로 오해될 위험이 있다.

어쩌면 우리는 중요한 무언가를 잃어 가고 있는지도 모른다. 셰익스피어의 언어는 단지 아름답고 고풍스러운 시어로 구성된 것이 아니다. 그의 언어는 고대 신화와 고전문학이라는 거대한 토양 위에 뿌리를 두고 있다. 따라서 셰익스피어의 문장을 온전히 이해하고 감상하기 위해서는 그가 끌어온 신화적 요소들을 해독할 수 있어야 한다. 줄리엣의 독백 장면은 이 점을 강하게 환기시킨다. 이는 셰익스피어 문학이 단순한 사랑 이야기를 넘어선 고전적 유산의 정수임을 드러내는 동시에, 고대 문헌을 읽고 해석하는 데 있어 신화적 문해력이 얼마나 중요한지를 다시금 일깨우는 대목이기도 하다.

언어 속에 감춰진 문맥을 읽어 낼 수 있을 때, 고전은 더 이상 박제된 과거가 아니라, 지금 여기서 숨 쉬며 말을 거는 살아 있는 텍스트가 된다.

신약성경과 그리스-로마 신화

르네상스 시대에 활동한 셰익스피어의 작품을 온전히 이해하려면, 그가 숨 쉬던 세계의 신화적 코드를 해독할 수 있어야 한다. 그렇다면 그리스-로마 신화의 언어와 상징 속에서 형성된 신약성경은 어떻게 읽어야 할까? 많은 학자들이 인정하듯, 신약성경은 고대 지중해 세계의 풍부한 상징 체계와 문화 자산을 적극 활용한 텍스트다. 그중에서도 그리스-로마 신화는 단지 시대적 배경지식의 차원을 넘어, 복음의 메시지를 구성하고 전달하는 데 있어 중요한 전략적 장치로 작동했다. 신약성경의 저자들은 로마 제국의 이데올로기를 전복하고 기존 상징 체계를 해체 혹은 재구성하여, 이방 청중들과 더욱 깊이 소통하고자 했다. 이때, 그들은 신화적 이미지와 이야기들을 능동적으로 차용했다. 왜냐하면 신화는 당시 사람들에게 가장 익숙하고 가장 효과적인 문화적 언어였기 때문이다.

이 점을 간과해서는 안 된다. 고대 세계에서 신화는 단순히 배격해야 할 우상의 언어가 아니었다. 오히려 그것은 복음을 설득력 있게 전달할 수 있는 문화의 문법이었고, 성경 저자들이 능란하게 구사한 소통의 도구였다. 신약성경은 그 문법을 비판 없이 받아들인

것도, 무조건 모방한 것도 아니었다. 오히려 신화를 전용하고 재해석함으로써, 하나님의 뜻을 새로운 방식으로 밝히 드러냈다.

그러나 오늘날 우리는 이 문법에 익숙하지 않다. 고대의 상징 체계를 잃어버린 현대 독자들은 신약성경을 읽을 때 필연적으로 해석의 공백과 마주하게 된다. 하지만 신화적 배경 없이 문자에만 의존한 독해는 본문이 품은 풍성한 의미와 신학적 깊이를 충분히 포착하지 못할 위험을 안고 있다. 복음을 전하는 문장이 왜 그러한 상징을 선택했는지, 왜 특정한 신화적 이미지 위에 메시지를 얹었는지 알지 못한 채, 표면적인 언어에만 매달리는 경우가 적지 않다. 이러한 해석상의 한계를 자각한 고전학자들과 성서학자들은, 신약성경과 그리스-로마 신화 간의 상호작용을 다양한 각도에서 탐구해 왔다. 그들이 도달하는 결론은 서로 다를 수 있지만, 이 분야에서 꾸준히 관련 저작이 출간되고 있다는 사실은, 성경 해석의 지평이 앞으로도 계속 확장될 수 있음을 보여주는 긍정적인 신호다.

요컨대, 신화를 공부해야 하는 이유는 단순한 지적 취미나 고전 교양의 함양을 넘어서 있다. 신화를 안다는 것은 곧 고대 세계와 대화할 수 있는 언어를 익히는 일이며, 이 언어를 통해 우리는 고전문학은 물론, 하나님의 특별계시인 성경을 더욱 깊이 있게 이해할 수 있다. 신화는 죽은 이야기가 아니라, 살아 있는 텍스트를 더욱 생생하게 읽게 해 주는 해석의 열쇠다. 이 열쇠를 무시한 채 성경을 읽는다면, 우리는 그 안에 담긴 의미의 상당 부분을, 그리고 하나님께서 택하신 계시의 언어적 전략을 놓치고 말 것이다.

계시와 신화, 그 사이에 난 길

이와 같은 이유로 나는 지금 하나님의 특별계시와 신화의 전통 사이에 서 있다. 누군가는 이 길이 위험한 줄타기라 말하고, 또 누군가는 신앙의 타협이라 말한다. 사실 나 역시 한때는 그렇게 생각했기 때문에 그들의 우려가 낯설지 않고, 그 불안에 공감할 수 있다. 그래서 이 길을 피해가고 싶었고, 의지적으로 외면하기도 했다. 그러나 이 길에는 나를 사석처럼 끌어당기는 힘이 있었다. 거부할 수 없는 그 힘은 나를 이끌었고, 결국 나는 신화의 세계 한복판에서 계시를 마주하게 되었다.

이럴 수가. 내가 신화의 세계 한복판에서 마주한 계시는 눈부시도록 아름다웠다. 그것은 평면적인 교리를 입체화했고, 박제된 진리를 다시 호흡하게 만들었다. 텍스트 속에 갇혀 있던 말씀이 피와 살이 되어 내 안에서 살아 움직이기 시작했다. 그제야 실감할 수 있었다. 초기 그리스도인들이 왜 그토록 예수님께 열광했는지를.

되돌아보면 나를 이 길로 이끈 그 힘은 섭리였다. 나는 여전히 이 길 위에 있다. 아직 다다르지 못한 곳도 많고, 때로는 두려움이 엄습하기도 한다. 그러나 이 여정은 두려움보다 훨씬 더 큰 기쁨과 경이로 가득하다. 매일의 삶 속에서 눈부시도록 아름다운 계시가 나를 기다리고 있기 때문이다. 이 책은 그런 여정 중에 만난 소소한 기쁨을 독자와 나누기 위해 집필된 책이다.

이 책의 이정표

『인간과 함께한 신』은 예수님의 공생애와 관련된 몇 가지 주제를 낯설게 바라보도록 초대하는 책이다. 나는 이 여정에서 고대 그리스-로마인이 지녔던 신화적 상상력을 하나의 배경지식으로 삼아, 예수님의 삶과 사역을 새로운 시선으로 조명하고자 한다. 익숙한 복음의 이야기들을 다시 새롭게 보게 하기 위해서다. 이를 위해 나는 먼저, 현대 그리스도인들에게 다소 생소할 수 있는 고대 신화의 풍경을 펼쳐 보일 것이다. 그리고 신화의 세계 속에 독자의 자리를 마련한 뒤, 거기에서 바라본 예수님의 공생애가 어떤 빛깔을 띠는지 함께 살펴볼 것이다. 그것은 단지 해석의 전환이 아니라, 복음의 풍성함을 다시 발견하는 여정이 될 것이다.

지금 독자가 읽고 있는 제1장은, 우리가 왜 신화를 전경으로 삼아 신약성경을 읽어야 하는지를 설명하는 장이다. 여기서 나는 신화와 계시가 충돌하는 개념이 아니라, 서로 공명하며 뜻밖의 통찰을 낳을 수 있음을 강조하고자 한다. 그리고 제2장부터 제7장까지는 예수님의 공생애와 관련된 핵심 주제들을 신화적 상상력이라는 낯선 렌즈로 다시 들여다보고자 한다. 사랑, 살과 피, 빛, 음부 하강, 십자가 보혈 같은 개념들을 이교도의 관점에서 재조명함으로써, 우리가 그동안 놓치고 있었던 신학적 뉘앙스를 새롭게 감지할 것이다. 또한 이 책의 끝에 「소그룹 나눔」이라는 공간을 마련했다. 여기에 담긴 질문들은 독자들의 사고를 더 깊이 이끌고, 다른 사람들과 함께 유익한 사유를 나누도록 돕는다. 함께 읽고, 함께 대화하고, 함께 경청하는 과정 속에서 '낯설게 읽기'의 시선이 더욱 풍성해질 것이다. 혹 그럴 여유가 없다면, 책을 덮은 후 조용히 자신과 마주 앉아 보는 것도 좋은 방법이다. 책을 읽기 전의 '나'와 읽은 후의 '나'가 진지한 대화를 나누어 보는 것이다. 예수님의 공생애를 바라보는 나의 시선은 과연 어떻게 달라졌는가? 어떤 감동이, 어떤 깨달음이 내 안에 피어오르는가? 나는 이 책이 그런 대화의 시작점이 되기를 바란다.

저자의 고백

그러나 이 지점에서 한 가지 밝혀 두어야 할 것이 있다. 나는 모든 고대인이 이 책에서 제시된 방식대로 예수 전통을 이해했다고 생각하지 않는다. 그러나 그렇다고 해서 아무도 그렇게 이해하지 않았다고는 더더욱 생각하지 않는다. 헬레니즘 세계에 살던 수많은 독자들 가운데 상당수는, 적어도 내가 상상하고 사유한 방향과 일정 부분 가까운 시선으로 예수님의 메시지를 받아들였을 것이다.

바로 이와 같은 이유로, 이 책을 읽는 독자들은 공감과 의문, 수용과 반박 사이를 오가게 될지도 모른다. 괜찮다. 그것이야말로 사유가 움직이고 있다는 증거이며, 각자에게 진정한 탐구가 시작되고 있다는 방증 아닌가? 동의 여부를 떠나, 이 책이 누군가의 내면에서 새로운 질문과 대화를 불러일으킬 수 있다면, 그것만으로도 이 글쓰기의 여정을 의미 있게 여길 수 있을 것 같다.

흔히 책은 저자의 손에서 끝나지 않는다고 말한다. 독자의 삶 속에서 다시 쓰이고, 다시 해석되는 과정을 통해 비로소 마지막 장이 완성되는 것이다. 한 문장이 또 다른 문장을 불러내고, 한 질문이 새로운 사유를 열어젖힌다. 지식은 그렇게 소통과 연대를 통해 자라난다. 우리는 함께 묻고 함께 성찰함으로 더 깊은 이해와 더 넓은 포용을 향해 나아갈 수 있다. 서로 다른 시선이 때로는 충돌하고, 때로는 조용히 물러서며 경청할 수 있다면, 우리는 진실이라는 지평선에 한 걸음 더 가까이 다가갈 수 있을 것이다. 이 책이 그러한 여정을 위한 작은 이정표가 되기를 소망한다.

책 속으로

이제 시간이 되었다. 우리는 함께 여행을 떠날 것이다. 당신이 이 책장을 넘기는 바로 그 순간 나는 당신의 손을 잡고 시간의 문으로 향할 것이다. 그 문 너머에는 그리스-로마 세계로 이어지는 통로가 있다. 나는 그 세계로 당신을 인도할 것이다. 그리고 당신의 인도자가 되어 함께 그 장대한 신화의 풍경 속을 걸을 것이다.

그 신화 속에서 살아가던 고대인들은 과연 어떤 감각과 사유로 예수님의 공생애를 받아들였을까? 그들의 눈으로 다시 복음을 바라볼 수 있다면, 익숙한 이야기 속에서도 낯선 진실을 발견할 수 있을 것이다. 물론 내가 들려주는 이야기를 "소설 같은 사실"로 받아들일지, 아니면 "사실 같은 소설"로 받아들일지는 온전히 당신의 몫이다. 이 여정은 강요가 아니라 초대이며, 해답이 아니라 탐색이다. 두 세계 사이를 넘나들며 취할 것은 취하고 불필요한 것은 걸러내며 당신만의 방식으로 이야기를 완성하기를 바란다.

이 책이 예수 그리스도의 공생애, 곧 영원 전부터 계셨던 로고스께서 인간이 되어 우리 가운데 거하신 신비를 낯설게 읽을 수 있도록 돕는 하나의 창이 되기를 바란다. 그래서 예수님이 얼마나 선하신 분인지, 얼마니 인간을 사랑하시는 분인지를 보다 풍성하게 깨닫게 되기를 바란다. 신성과 인성을 함께 지닌 그분 앞에서, 날마다 새로운 전율과 떨림을 경험하기를 고대한다.

자, 준비되었는가? 이제 규격화된 어른의 옷을 벗고 천진난만한 아이의 옷을 다시 입어 보자. 무지개 끝에 황금 항아리가 감추어져 있다고 믿던 그 시절의 눈빛을 떠올려 보자. 별똥별이 떨어지던 밤, 간절한 소원을 속삭이던 그 밤을 기억해 보자. 한 손에는 무한한 신화적 상상력을, 다른 손에는 나의 손을 붙잡자. 만약 지금 당신의 몸이 서서히 공중으로 떠오르는 듯한 기분이 든다면, 당신은 이미 그 여정의 문 앞에 서 있는 것이다.

이제 저 앞에 활짝 열린 4차원의 문을 함께 지나가 보자. 신화보다 더 신화 같은 사실이 숨 쉬는 그리스-로마의 신비로운 세계가 우리를 기다리고 있다. 그 문 너머로 천천히 발걸음을 옮겨 보자. 낯설게, 더 낯설게 예수님의 공생애를 바라보자.

제2장 \ 나는 사랑을 강요하지 않는다

예수님은 전지전능하신 하나님이시다. 그분께서 원하셨다면, 팬지꽃의 즙을 바다처럼 쏟아 우리 모두의 눈에 발랐을 수도 있었을 것이다. 세상의 모든 황금을 화살로 만들어, 우리의 심장에 쏘아대며 억지로라도 그분을 사랑하게 만들 수도 있었으리라. 그러나 주님은 그렇게 하지 않으셨다. 그분이 바라신 사랑은 마법처럼 주입된 감정이 아니었다. 그분이 원하신 것은 인격적인 만남 속에서 자유롭게 피어나는 사랑이었다. 억지로 조종된 고백이 아니라, 자발적으로 흘러나오는 마음의 향기였다. 만약 예수님께서 강제된 사랑만을 원하셨다면, 십자가는 결코 필요하지 않았을 것이다. 꽃잎 즙 한 방울이면 충분했을 테고, 화살 하나로도 온 인류의 감정을 꿰뚫을 수 있었을 테니까. 하지만 주님은 그 길을 택하지 않으셨다. 그분은 기꺼이 자신의 어깨에 십자가를 지셨다. 타인의 눈에 마법의 즙을 바르시는 대신, 자신의 눈에 멍이 들도록 맞으셨고, 타인의 심장을 향해 화살을 겨누는 대신, 자신의 심장을 조용히 멈추게 하셨다. 왜일까? 그분이 바라신 사랑은 자유 속에서 태어나는 사랑이었기 때문이다. 사랑은 명령이 아니다. 사랑은 선택이다. 사랑은 강요될 수 없으며, 오직 자율 안에서만 진실해질 수 있다. 그리고 바로 이것이, 예수님의 십자가가 우리에게 보여주는 사랑의 방식이다. 그분의 사랑은 억지로 움켜쥐는 사랑이 아니라 기꺼이 놓아주는 사랑, 붙들지 않고 기다리는 사랑, 강요하지 않고 초대하는 사랑이다.

제2장 \ 나는 사랑을 강요하지 않는다

팬지꽃 사랑

셰익스피어의 희곡 『한여름 밤의 꿈』에는 마법의 꽃이 등장한다. 사랑의 묘약을 빚는 신비로운 재료, 팬지꽃이다. 이 꽃의 즙을 잠든 사람의 눈꺼풀에 떨어뜨리면 놀라운 일이 벌어진다. 눈을 뜨는 순간 가장 처음 마주한 존재를 사랑하게 되는 것이다. 어떻게 이런 꽃이 있을 수 있을까? 『한여름 밤의 꿈』은 환상적으로 그 비밀을 들려준다. 사랑의 신 큐피드가 쏜 화살이 우연히 한 송이 팬지꽃에 떨어졌고, 그 순간부터 이 꽃은 마법의 힘을 지니게 되었다고.

희극 속 요정의 왕 오베론은 이 마법의 꽃을 이용해 사랑의 장난을 계획한다. 그는 요정의 여왕 티타니아가 잠든 사이, 팬지꽃 즙을 그녀의 눈에 바른다. 그리고 마침내 티타니아가 눈을 떴을 때! 아, 이게 웬일인가! 그녀 앞에 서 있던 존재는 다름 아닌 당나귀 머리를 한 남자, 바텀이었다. 티타니아가 그에게 한눈에 반해 사랑에 빠지는 장면은 기괴하면서도 희극적인 사랑의 역설을 유쾌하게 보여준다. 그러나 사랑의 혼란은 여기서 멈추지 않는다. 오베론의 하인 퍼크가 실수로 리산더와 드미트리어스의 눈에도 묘약을 떨어뜨리고 만다. 이로 인해, 젊은 연인들의 감정은 사랑이라는 이름 아래서 서로 뒤엉켜 전혀 예측할 수 없는 방향으로 흘러간다.

평소라면 사랑의 대상조차 되지 않았을 사람에게 갑작스레 마음을 빼앗기는 이 황당한 상황을 셰익스피어는 우스운 해프닝으로 묘사하는 데 그치지 않는다. 오히려 환상과 유머를 통해 사랑이라는 감정의 불확실성과 가변성을 예리하게 포착한다. 『한여름 밤의 꿈』에 등장하는 사랑은 언제든 방향을 바꿀 수 있으며, 전혀 예상치 못한 대상에게 불쑥 찾아든다. 하지만 결국 시간이 흐르고 마법이 풀리면 사랑은 각자의 자리로 되돌아간다. 물론 여운은 오래도록 남는다. 사랑이란, 때로는 광기이고 때로는 축복이다. 어쩌면 그 둘이 함께 얽혀 있는 신비일지도 모른다. 셰익스피어는 이러한 사랑의 본질을 마법과 소동, 그리고 화해의 구조 안에 담아낸다. 관객은 웃음을 짓는 와중에도, 사랑이라는 감정의 진실을 성찰하게 된다.

떠오르는 질문

나는 『한여름 밤의 꿈』을 떠올릴 때마다 한 가지 질문을 지울 수 없다. 만약 팬지꽃이 없었다면, 티타니아는 바텀을 사랑할 수 있었을까? 그리고 그녀가 바텀을 향해 느낀 감정을 과연 "사랑"이라 부를 수 있을까? 팬지꽃의 마법은 사랑을 지어내는 듯 보이지만, 실상은 강제된 감정을 만들어 낸다. 그 감정은 자발성을 흐리고 진정성을 의심케 하며 사랑의 본질을 왜곡한다. 사랑은 타인의 의지나 외부의 힘에 의해 강요되는 것이 아니기 때문이다. 사랑은 스스로의 내면에서 우러나야 하며, 자유롭게 선택되어야 한다. 적어도 나는 팬지꽃에 의지한 사랑을 하고 싶지도, 받고 싶지도 않다.

> 잠깐, 셰익스피어의 희극을 너무 심각하게 받아들이는 거 아니야?

어떤 이는 이렇게 반문할지도 모른다. 어쩌면 맞는 말일지도 모른다. 그러나 아무리 생각해도 내 결론은 같다. 아무리 가벼운 웃음으로 포장되어 있더라도, 자유 없는 선택 위에 사랑이 놓인다면 그것은 이미 사랑이기를 멈춘 것이다. 진정한 사랑은 자유 안에서 선택될 때 가장 순수하게 빛난다. 그 안에서 인간은 비로소 타인을 있는 그대로 받아들이고, 또 스스로를 내어 줄 수 있게 된다. 만일 자유가 박탈된다면, 그래서 꼭두각시처럼 누군가를 사랑하게 된다면, 그것은 더 이상 사랑이 아니다. 그저 조작된 감정의 환상일 뿐이다.

큐피드, 에로스

우리가 잘 알다시피, 셰익스피어의 작품에 자주 등장하는 큐피드는 고대 그리스-로마 신화에 나오는 사랑의 신이다. 그리스어로는 **에로스**, 라틴어로는 **쿠피도**라 불린다. 이 글에서는 그를 에로스라 부르기로 하자. 그 이름에 담긴 음율과 정서가 이야기를 더 낯설고 생생하게 만들어 줄 것이다.

에로스는 고대 신화 속에서 가장 장난스럽고도 예측 불가능한 신 가운데 하나로 그려진다. 그는 사랑의 감정을 불러일으키고, 그것을 조절할 수 있는 능력을 지닌 존재다. 그의 손에 쥐어진 화살은 단순한 무기가 아니다. 그것은 인간의 의지와 이성을 무력화하는 도구이며, 사랑이라는 감정을 불쑥 찾아들게 만드는 신비로운 힘이다. 에로스의 화살이 닿는 순간, 이 세상에서 가장 이성적인 사람도 흔들린다. 합리적이었던 삶도 어느새 감정의 소용돌이 속으로 휘말려 들어간다.

문제는 사랑의 신이 벌이는 장난이 단순히 웃음으로 넘길 수 있는 수준에 머물지 않는다는 데 있다. 에로스의 장난은 삶의 질서를 뒤흔들고, 신과 인간의 의지를 무너뜨리며, 때로는 비극의 씨앗이 되기도 한다. 웃음을 유발하는 화살이 언제든 눈물의 근원이 될 수 있었다. 사랑이라는 이름으로 포장된 감정은 순식간에 혼란과 상처로 돌변할 수 있었다. 이 대목에서 우리는 다음과 같은 질문을 하게 된다. 과연 사랑이라는 감정을 온전히 에로스의 손에 맡길 수 있을까? 그의 손에서 비롯된 사랑은 너무 가볍고 급작스러우며, 심지어 조작된 것이지 않은가? 진정한 사랑이란 타인의 의지나 외부의 힘이 아닌, 내면의 자발적인 움직임에서 비롯해야 하지 않은가?

이제 우리는 고대의 신화적 전통 속에서 에로스가 만들어 내는 사랑—만들어진 사랑, 주입된 감정, 외부에서 부여진 욕망—의 위험성에 대해 좀 더 깊이 들여다보려고 한다. 또한 그 탐색을 통해, 인간의 사랑이라는 감정이 어디에서부터 비롯되고, 어디까지가 진짜인지를 다시 성찰하고자 한다.

메데이아, 사랑에 눈멀다

이올코스의 왕자 이아손은 신성한 유물, 황금 양모를 찾아 거센 바다를 가로지르는 모험에 나섰다. 그의 배, 아르고호에는 고대 그리스 신화에서 가장 용맹한 영웅들이 함께 탑승했다. 하지만 여정은 결코 평탄하지 않았다. 그들을 기다리고 있던 것은 인간의 힘만으로는 결코 극복할 수 없는 시련들이었다. 그들에게 닥친 운명의 물결은 인간의 손이 아니라 올림포스의 신들에 의해 움직이고 있었다.

이를 누구보다 잘 아는 신들이 있었다. 바로 헤라와 아테나다. 그들은 인간과 반신반인의 노력만으로는 황금 양모를 얻을 수 없음을 직감했다. 그래서 두 여신은 은밀히 결정적인 움직임을 취한다. 사랑의 신, 에로스를 찾아가 속삭인 것이다.

메데이아가 이아손을 사랑하게 만들어라. 그러면 그가 황금 양모를 얻을 수 있을 것이다.

메데이아는 누구인가? 그녀는 결코 평범한 인간이 아니었다. 태양신 헬리오스의 손녀이자, 코르키스의 왕 아이에테스와 바다의 님페 이드야 사이에서 태어난 이, 곧 신과 바다의 피를 함께 물려받은 존재였다. 그녀는 운명을 꿰뚫어 보는 혜안을 지녔고, 독을 약으로 바꾸는 연금술과 시간 너머를 들여다보는 예지력을 지닌 마녀였다. 고요한 밤 별빛 아래에서 주문을 읊으며 미래를 읽고, 손바닥 위에 뱀의 독을 굴리며 생명의 정수를 빚어냈다. 그 누구도 감히 속일 수 없는 존재였다. 그녀는 신비 그 자체였다. 그러나 이토록 강력한 메데이아조차 에로스의 화살 앞에서는 무력하기만 했다.

에로스는 황금 화살을 활시위에 걸었다. '퉁!' 손끝에서 풀린 화살은 허공을 가르며 날아가, 메데이아의 심장 깊숙한 곳에 정확히 꽂혔다. 그 순간, 그녀의 내면에서 무언가가 거칠게 일어났다. 폭풍처럼 휘몰아치는 감정의 소용돌이. 사랑, 바로 사랑이었다! 전에는 결코 허락하지 않았던 그 감정이 메데이아를 삼키기 시작했다. 그녀는 즉시 이아손에게 마음을 빼앗겼다. 그의 눈빛, 그의 목소리, 그의 존재 전체가 그녀의 세계를 침투했고, 한순간에 그녀의 모든 중심이 무너졌다.

한평생 왕국을 위해 살아온 메데이아였다. 아버지를 위해 마법을 부렸으며, 질서와 의무 속에 자신을 가두어 왔다. 그러나 단 하나의 화살이 그녀의 삶을 송두리째 뒤흔들어 놓았다. 조국과 가족, 지켜야 할 모든 신념이 흐릿해지고, 이아손만이 또렷하게 남았다. 결국 그녀는 배신을 "선택했다." 아니, 선택할 수밖에 없었다. 그녀의 심장 깊숙한 곳에는 에로스의 화살이 박혀 있었기 때문이다. 그 화살은 피를 흘리지 않는 상처로 그녀를 지배했다. 메데이아는 조국을 등지고, 가족을 저버리고, 마법을 사용해 이아손이 황금 양모를 차지하도록 도왔다. 그리고 그의 탈출을 돕기 위해 자신의 동생, 압쉬르토스를 냉혹하게 죽이기까지 했다. 메데이아는 아버지의 가슴에 씻을 수 없는 상처를 남겼다. 그녀는 더 이상 왕국의 공주가 아니었다. 그녀는 사랑이라는 이름으로 피를 묻힌 마녀가 되었다. 또한 조국의 배신자이자, 스스로를 배신한 존재가 되었다.

하지만 우리가 그녀를 쉽게 나무랄 수 있을까? 그녀에게 진정한 의미의 "선택"이 있었을까? 강력한 마법도, 운명을 꿰뚫던 예지력도, 그녀 안에 박힌 화살 앞에서는 무력했다. 그녀가 오랜 시간 익혀 온 그 어떤 주문도 에로스가 만든 사랑의 마법보다 강력하지 못했다. 메데이아는 감정의 꼭두각시가 되었다. 에로스는 그녀를 철저하게 사랑의 감옥에 가두었다. 그녀가 느낀 감정은 선택에 따른 것이 아니라, 조작에 따른 것이었다. 과연 이것을 우리는 사랑이라고 부를 수 있을까?

사랑에 눈이 먼 아폴론

올림포스의 신들조차 사랑의 화살을 피할 수 없었다. 신들이라고 해도 감정의 소용돌이에서 자유로울 수는 없었다. 그들의 감정 또한 인간처럼 흔들렸으며, 때로는 그들의 오만이 사랑의 화살을 부르는 화근이 되기도 했다. 태양의 신이자 궁수의 신으로 알려진 아폴론은 이 고전적 교훈의 대표적인 예로 남아 있다.

어느 날 아폴론은 손에 작은 활을 들고 있는 에로스를 조롱하듯 바라보며 비웃는다.

> 작은 신이여, 네 보잘것없는 화살이 무슨 힘이 있단 말이냐? 나는 거대한 퓌톤도 단숨에 쓰러뜨리는 전사의 신이다!

아폴론은 자신의 활 솜씨에 누구보다 자부심을 가지고 있었다. 거대한 괴물 퓌톤을 꿰뚫은 명궁을 가진, 태양처럼 찬란한 전사의 신 아폴론. 그런 그에게 에로스의 가느다란 화살은 한낱 장난감처럼 보였다.

그러나 오만은 언제나 혹독한 대가를 치른다. 에로스는 그 교만한 신에게 사랑의 힘이 얼마나 강력한지를 보여주기로 마음먹는다. 아무리 강한 궁수라도 사랑의 화살 앞에서는 무력할 수밖에 없다는 진실을 일깨워 주려 한 것이다. 에로스는 황금 깃털이 달린 화살 하나를 조용히 집어 들고 활시위에 걸었다. 그리고 정확히 아폴론의 심장을 겨누었다. 화살은 곧장 날아가 아폴론의 가슴 깊은 곳에 꽂혔다. 그 순간 아폴론의 심장에는 사랑의 불꽃이 치솟았다. 가슴이 폭풍처럼 요동쳤고, 시선은 단 하나의 존재에게 사로잡혔다. 그것은 바로 강의 신 페네이오스의 딸이자, 신들의 세계에서 가장 아름답다고 일컬어지는 님페, 다프네였다. 아폴론은 그녀를 본 순간 더 이상 태양의 신도, 명궁의 신도, 그리고 전사의 신도 아니었다. 그는 그저 사랑에 사로잡힌 포로에 불과했다.

에로스의 복수는 거기서 끝나지 않았다. 그는 조용히 또 하나의 화살을 꺼내 들었다. 이번에는 아까와는 전혀 다른 성질의 화살, 곧 납으로 만든 무겁고 차가운 화살이었다. 황금 화살이 사랑의 불꽃을 일으킨다면, 납 화살은 그 정반대의 마법을 품고 있었다. 그 화살이 심장을 꿰뚫는 순간, 사랑은 혐오로 바뀌고, 끌림은 차가운 거부로 변한다. 에로스는 그 냉혹한 화살을 다프네의 심장을 향해 쏘았다. 그렇게 사랑과 혐오가 엇갈리는 비극의 막이 올랐다.

아폴론은 다프네를 향해 미친 듯이 사랑을 외쳤다. 그녀의 손끝 하나, 머리카락 한 올이라도 닿고 싶어 애타게 뒤쫓았다. 그러나 다프네의 마음은 얼음처럼 굳어 있었다. 그녀는 아폴론을 두려워했고, 그의 접근을 본능적으로 거부했다. 다프네는 숲속을 가로질러 달아나며 뛰고 또 뛰었다. 그러나 아폴론은 올림포스의 신이었다. 그의 발은 빨랐고, 둘 사이의 거리는 점점 좁혀졌다. 다프네의 숨은 거칠어졌고, 뒤에서 다가오는 아폴론의 발소리는 점점 더 또렷해졌다. 더는 도망칠 길이 없었다. 절박한 다프네는 마침내 외쳤다.

아버지, 제발 … 저를 구해 주세요! 이대로라면 저는 곧 그에게 붙잡히고 말 거예요. 차라리 … 제 모습을 바꿔 주세요! 제 영혼만은 자유로이 남도록 도와주세요!

강의 신 페네이오스는 슬픔에 잠겼다. 그러나 딸의 절규를 외면할 수 없었다. 그는 조용히 손을 들어 그녀의 몸을 감싸안았고, 그 순간 기이하고도 비극적인 변화가 시작되었다. 다프네의 피부는 거칠어지며 나무껍질로 변했고, 두 다리는 땅속 깊숙이 뿌리를 내렸다. 머리카락은 부드러운 잎사귀가 되어 바람에 흔들렸고, 팔은 하늘을 향해 뻗은 가지가 되었다. 그녀는 더 이상 달아날 필요도, 사랑을 두려워할 이유도 없는 존재, 곧 월계수가 되었다.

아폴론은 그녀를 거의 붙잡을 뻔했다. 그러나 그의 손끝에 닿은 것은 더 이상 따뜻한 살결이 아니라, 차갑고 거친 나무껍질이었다. 그는 그 자리에 멈춰 서서 절망했다. 다프네는 더 이상 대답할 수 없는 침묵의 상징이 되어 버렸다. 아폴론은 조용히 그녀의 잎사귀를 쓸어내리며 깊은 탄식을 내뱉었다. 한순간에 솟구친 사랑, 도달하지 못한 욕망, 돌이킬 수 없는 상실, 그 모든 감정이 뒤섞여 그의 가슴을 짓눌렀다. 그리고 우리는 여기에서 다시 한번 묻게 된다. 아폴론이 다프네에게 느꼈던 그 감정, 그것을 과연 진정한 사랑이라고 말할 수 있을까?

자신의 화살 앞에서 무력했던 에로스

사랑의 화살로 인간과 신의 감정을 좌우하던 에로스. 그러나 정작 그조차 자신의 화살 앞에서 무력했다. 프쉬케는 인간 세계에서 가장 아름다운 공주였다. 그녀의 미모는 신화 속에서도 유례를 찾기 어려울 정도로 빼어났고, 사람들은 점차 사랑의 여신 아프로디테보다 프쉬케를 더 열렬히 찬미하기 시작했다. 그 결과, 아프로디테의 신전에 바쳐지던 기도와 제물이 줄어들고, 대신 프쉬케를 향한 숭배가 더 늘어났다. 분노한 아프로디테는 질투에 휩싸였다. 그녀는 아들 에로스를 불러 단호하게 명령한다.

프쉬케가 가장 비천하고 끔찍한 괴물을 사랑하게 만들어라!

에로스는 어머니의 뜻을 이루기 위해 프쉬케가 잠든 틈을 타 조용히 그녀의 방을 찾는다. 그리고 황금 깃털이 달린 사랑의 화살을 조심스레 꺼내어 그녀를 겨눈다. 그러나 웬일인가? 한순간의 실수로, 그 화살이 자신의 손에 상처를 내고 말았다. 그 순간, 전에 없던 감정이 에로스를 휘감았다. 그것은 뜨겁고 격렬한 감정이었다. 그는 프쉬케를 향해, 자신도 설명할 수 없는 사랑을 느끼게 되었다.

이제 그는 선택의 기로에 섰다. 어머니의 명령을 어기고 사랑을 좇을 것인가, 아니면 그 사랑을 가슴에 묻고 떠날 것인가? 짐작했듯이, 황금 화살의 힘은 에로스의 의지를 초월했다. 결국 그는 프쉬케를 신비로운 궁전으로 데려갔고, 보이지 않는 모습으로 그녀 곁에 머물며 사랑이라는 감정에 자신을 내맡겼다. 사랑을 조종하던 자가 도리어 사랑에 소송당하게 된 것이다.

우리는 다시 한번 묻게 된다. 에로스가 프쉬케를 향해 느낀 그 감정은 과연 진정한 사랑이었을까? 아니면 화살이 불러낸, 본능처럼 각인된 감정의 환영에 불과했을까? 나는 그것이 참된 사랑은 아니었다고 생각한다. 왜냐하면 진실한 사랑이란 단순한 충동이나 순간의 열정이 아니기 때문이다. 사랑은 자유로운 선택과 지속적인 책임, 그리고 서로를 향한 의지의 반복 속에서만 의미를 가진다. 에로스의 감정은 분명 뜨겁고 아름다웠을지 모른다. 하지만 그것은 자신이 선택한 사랑이 아니었다. 그는 자기 손으로 자신을 찌른 화살에 의해 조작된 감정의 포로가 되었을 뿐이었다.

「알라딘」의 지니(Genie)와 그의 사랑 철학

팬지꽃이나 황금 화살이 만들어 내는 강제된 사랑에 반대하는 목소리도 있다. 그 목소리는 의외의 곳에서 들려온다. 바로 디즈니 애니메이션 「알라딘」에 등장하는 램프의 요정, 지니. 그의 사랑 철학을 한번 들어 보자.

알라딘은 신비한 램프를 조심스럽게 문지른다. 그 순간 부드러운 빛이 번져 나오더니, 거대한 푸른 연기가 솟구치고 익살맞은 웃음을 띤 파란 거인이 모습을 드러낸다.

> 짜잔! 자네의 충성스러운 지니 등장! 축하하네! 이제 나, 위대한 지니가 세 가지 소원을 들어줄 차례라네!

지니는 두 팔을 활짝 벌리며 환하게 웃는다. 알라딘은 잠시 어리

둥절했지만, 이 상황을 하늘이 준 기회라고 생각한다. 그래서 평소에 품어 왔던 소원을 말한다.

그럼 … 자스민 공주가 나를 사랑하게 해 줘!

그 순간, 지니의 환한 얼굴이 굳는다. 그는 허공에 손을 가로저으며 단호히 말한다.

잠깐만! 그건 안 되지!

알라딘은 놀란 눈으로 되묻는다.

왜? 소원을 들어준다며?

지니는 팔짱을 끼고 한숨을 내쉰다. 그러곤 아주 천천히, 마법의 법칙을 하나씩 들려준다.

첫째, 난 아무도 죽일 수 없어.
둘째, 죽은 사람을 되살릴 수도 없지.

마지막으로, 지니는 알라딘에게 다가가 눈을 크게 뜨고 말한다.

셋째! 타인의 마음을 강제로 움직이게 만들 순 없어! 즉, 자스민 공주가 너를 사랑하게 해 줄 수는 없다는 말이지.

알라딘은 실망한 듯 한숨을 내쉰다. 하지만 지니는 이내 특유의 익살스러운 미소를 지으며 그의 등을 가볍게 두드린다. 그리고 이렇게 말한다.

하지만 걱정 마, 친구! 내가 널 멋진 왕자로 변신시켜 줄 순 있지! 사랑을 강요할 순 없어도, 사랑을 얻을 기회는 줄 수 있으니까!

지니는 손가락을 튕긴다. 그 순간 눈부신 황금빛 마법이 알라딘의 몸을 감싼다. 거리의 소년은 순식간에 위엄 있는 왕자의 모습으로 변한다. 과연 알리딘은 새로운 겉모습으로 자스민 공주의 마음을 얻을 수 있었을까? 우리는 이 질문의 답을 이미 알고 있다. 알라딘이 자스민의 사랑을 얻게 된 이유는 마법도, 외모도, 부도 아니었다. 그가 품었던 진심 어린 사랑, 그리고 그 진심을 스스로의 말과 행동으로 보여주었던 용기가 자스민 공주의 마음을 움직였다. 지니가 알라딘에게 알려주려고 했던 진짜 교훈이 바로 이것이다. 진실된 사랑만이 또 다른 진실된 사랑을 불러올 수 있다는 사실 말이다. 그렇다. 그 어떤 마법도 사랑을 불러올 수 없다. 자유 없는 사랑은 사랑이 아니며, 자발적 선택과 감정의 교류 없이 피어난 감정은 그저 환상에 불과하다.

두 종류의 사랑

우리가 살펴본 전통들은 사랑의 본질에 대해 뚜렷이 대조되는 두 가지 시각을 보여준다. 하나는 강제된 사랑, 다른 하나는 자율적인 사랑이다. 강제된 사랑은 외부의 힘에 의해 주입되는 감정이다. 그것은 개인의 의지와 무관하게 작동하며, 마치 정교하게 조율된 기계처럼 감정을 조작한다. 팬지꽃의 즙이 눈꺼풀 위에 떨어지는 순간, 에로스의 황금 화살이 심장을 꿰뚫는 순간, 감정은 내가 바라지도, 원하지도 않았던 방향을 향해 일방적으로 흘러간다. 그런 사랑은 타의에 의해 조작된 감정일 뿐, 스스로 피워 올린 사랑은 아니다. 반면, 자율적인 사랑은 내면에서 우러나오는 감정이다. 스스로 선택하고 스스로 받아들이며, 때로는 그 사랑이 가져다 줄 고통과 상처마저도 감내하려는 태도에서 비롯된다. 우리는 본능적으로 알고 있다. 진정한 사랑은 결코 강요될 수 없으며, 오직 자유 속에서만 온전해질 수 있다는 사실을.

그러므로 팬지꽃 즙이나 황금 화살로 피워 올린 "사랑", 곧 만들어진 감정은 사랑이라 부를 수 없다. 그것은 인형극 속 꼭두각시처럼 조종된 감정일 뿐이다. 나는 그런 사랑을 하고 싶지도, 받고 싶지도 않다. 내가 바라는 사랑은 스스로 선택한 사랑, 스스로 만들어 가는 사랑이다. 그 사랑이 서툴고, 거칠고, 때로는 상처를 남기더라도, 나는 그 사랑을 위해 기꺼이 고난과 역경을 견딜 준비가 되어 있다. 자유롭게 선택된 사랑만이 진실되며, 인간은 그 안에서라야 비로소 누군가를 진심으로 받아들이고, 자신도 온전히 내어 줄 수 있다.

예수님의 사랑

시선을 돌려, 예수님께서 원하신 사랑에 대해 생각해 보자. 오베론은 팬지꽃 즙으로 타인의 감정을 조작했고, 에로스는 황금 화살로 강제된 사랑을 만들어 냈다. 그러나 예수님은 십자가를 통해 전혀 다른 방식의 사랑, 곧 참된 사랑을 보여주셨다. 잠깐만 … 예수님은 타인을 향한 자신의 사랑을 먼저 보여주심으로써, 타인을 사랑의 관계로 초대하신다고? 그렇다. 바로 그 점이 결정적인 차이다.

> 팬지꽃 즙은 타인의 눈에 발라야 하고,
> 황금 화살은 타인의 심장을 꿰뚫어야 한다.

> 그러나 십자가는 자신이 직접 등에 짊어져야 한다.

이것은 단순한 '도구의 차이'가 아니다. 사랑의 방식을 넘어, 사랑의 본질을 가르는 차이다. 팬지꽃과 화살은 타인의 의지를 무너뜨리기 위한 장치였다. 몰래, 은밀히, 저항할 수 없게 감정을 조작하는 덫이었다. 그러나 십자가는 자발적으로 짊어지는 멍에였다. 자기를 내어 주는 행위였고, 타인을 조종하지 않겠다는 선언이었다. 이 차이는 하늘과 땅만큼이나 깊고 넓다. 억지로 끌어들이는 사랑과,

자유로 초대하는 사랑 사이에는 넘을 수 없는 본질적인 간극이 있다.

예수님은 전능한 하나님이시다. 그분께서 원하셨다면, 팬지꽃 즙을 바닷물처럼 퍼다가 우리 모두의 눈에 바를 수도 있었을 것이다. 수천수만 개의 황금 화살을 만들어 우리 모두의 심장을 향해 쏠 수도 있었을 것이다. 하지만 그분은 그러지 않으셨다. 예수님께서 원하신 것은 마법처럼 주입된 감정이 아니라 자유 속에서 응답하는 사랑, 즉 인격적이고 관계적인 사랑이었다. 만약 그분이 강제된 사랑을 원하셨다면, 십자가는 필요하지 않았을 것이다. 즙 한 방울, 화살 하나로도 충분했을 텐데, 굳이 자신의 등에 십자가를 지실 이유가 있었겠는가? 그러나 그분은 십자가를 지셨다.

> 타인의 눈에 마법의 즙을 바르시는 대신,
>
> 자신의 눈에 멍 자국을 지셨고,
>
> 타인의 심장을 향해 화살을 겨누는 대신,
>
> 자신의 심장을 멈추게 하셨다.

왜?

그분이 원하신 사랑은 자율 속에서 피어나는 사랑,

자신의 존재로 이끌어 내는 사랑,

억지로가 아닌, 응답으로 완성되는 사랑이었기 때문이다.

다시 반복하지만 사랑은 선택이어야 한다. 사랑은 강요될 수 없으며, 오직 자유 속에서만 진실해질 수 있다. 바로 이것이 예수님의 십자가가 우리에게 가르쳐 주는 사랑의 방식이다. 오직 이 방식만이 우리를 조작이 아닌 진정한 사랑으로 이끈다.

예정과 자유, 그 사이에 흐르는 신비

혹자는 내게 이렇게 반문할지도 모른다.

> 하지만 성경은 예정론을 말하고 있습니다. 예정된 자가 하나님의 사랑을 받고, 선택된 자가 하나님을 사랑한다는 교리입니다. 당신은 예정론을 믿지 않습니까?

물론, 나는 예정론을 믿는다. 그러나 그 교리가 하나님과 인간 사이에서 오가는 신비롭고 생생한 감정과 교감의 전부를 설명해 줄 수 있다고는 생각하진 않는다. 하나님과 인간 사이에는 인격적 소통이 존재한다. 우리는 하나님 앞에서 기도하며 울기도 하고, 감사하며 웃기도 한다. 때로는 분노하고, 때로는 의심하기도 한다. 어떤 날은 그분을 향해 달려가고, 또 어떤 날은 등을 돌리기도 한다. 이 모든 관계의 흐름 속에서 일어나는 감정은, 차가운 교리적 개념으로 환원할 수 있는 무정형의 물건이 아니다. 그 감정은 마치 바람과도 같다. 눈에는 보이지 않지만 뺨을 스치는 그 순간, 우리는 그것의 존재를 너무도 분명하게 느낀다.

성경이 말하는 '흔들리지 않는 예정론'과 인간이 자율적 사랑을 통해 경험하는 '흔들리는 감정'은 서로 대립하는 개념이 아니다. 오히려 이 둘은 함께 공명하는 두 음처럼, 하나의 깊은 화음을 이룬다. 자율적 감정을 배제한 예정론은 박제된 교리에 불과하다. 그것은 살아 있는 생명체가 아니라 유리관 속에 갇힌 표본과 같다. 반대로, 예정론을 배제한 자율적 감정은 깃대 없이 나부끼는 깃발일 뿐이다. 그것은 방향 없이 떠도는 감성의 소용돌이이며, 어디로 흘러갈지 알 수 없는 물살과도 같다.

우리는 이 둘 중 하나만을 붙잡으려는 실수를 범해서는 안 된다. 이성과 감성, 예정과 자유, 그 사이 어딘가에 하나님께서 우리에게 보여 주고자 하신 신비로운 풍경이 존재한다. 우리는 그 풍경을 볼 수 있어야 한다. 그 풍경 속에서 예정의 깊이를 묵상하고, 감정의 소용돌이를 길들여야 한다. 교리의 확신과 감정의 떨림이 서로를 보완하며 하나의 조화를 이루는 은총의 순간을 경험해야 한다. 나는 믿는다. 예수님의 십자가를 깊이 바라보고 묵상할수록 그 신비로운 풍경은 점점 더 선명해지고, 마침내 우리 삶 가까이 다가오게 되리라는 것을.

한때 나는 '딱딱 맞아떨어지는' 교리 체계를 사랑했다. 신앙의 모든 요소를 논리적으로 설명할 수 있는 완벽한 시스템을 원했다. 그것이 마치 내 영혼을 지켜주는 튼튼한 성벽처럼 느껴졌기 때문이다. 그러나 이제는 생각이 달라졌다. 나는 견고함과 흔들림 사이에서 있다. 누군가는 '타협'이라 부르고, 또 어떤 누군가는 '중용'이라 말할지 모른다. 하지만 나는 이것을 '구도자의 자세'라 부르고 싶다. 흔들리다 견고해지고, 견고하다가 다시 흔들리는 진자 운동 속에서 나는 조금씩 앞을 향해 나아간다. 그 불완전한 여정 속에서 내가 걸어야 할 길을 배워간다. 그리고 그렇게 예수님께서 자율적인 사랑으로 내어주신 십자가의 길을 완주할 것이다.

제우스의 사랑, 근거 있는 사랑

그리스-로마 전통은 신의 사랑을 받는 자가 누구인지에 대해 분명한 기준을 제시한다. 신들은 때때로 인간을 올림포스로 데려가 불멸의 생명을 부여하지만, 그 축복은 결코 아무에게나 주어지지 않는다. 신의 선택을 받기 위해서는 반드시 탁월한 무언가를 지니고 있어야 한다. 보통 그 무언가는 영웅적인 용기, 비범한 지혜, 혹은 눈부시게 아름다운 외모다. 가뉘메데스의 전통은 이러한 사고방식을 가장 잘 보여주는 사례라 할 수 있다.

가뉘메데스는 반신반인이었다. 본래의 운명대로라면, 그는 다른 인간들처럼 생을 마치고 죽음을 맞이해야 했다. 그러나 그의 외모는 필멸자의 한계를 넘어서는 아름다움을 지녔다. 그 빛나는 미모는 올림포스의 신들조차 시선을 떼지 못할 만큼 압도적이었다. 그를 바라본 신들은 한결같이 이렇게 생각했다.

이토록 완벽한 존재가 반신반인의 삶을 살다가 인간처럼 사라져야 한단 말인가?

결국 신들은 그를 올림포스로 데려갔다. 그리고 연회장에서 넥타르, 곧 신들이 마시는 천상의 음료를 따르는 시종의 자리를 맡겼다. 이제 그는 더 이상 죽음을 피할 수 없는 필멸자가 아니었다. 마침내 불멸의 존재가 된 것이다.

가뉘메데스에 관한 또 다른 전통이 전해진다. 어느 날, 가뉘메데스는 트로이아 인근의 이다산에서 양을 돌보고 있었다. 그의 눈부신 외모는 하늘을 지나던 신 제우스의 시선을 사로잡았다. 제우스는 단번에 매혹되었고, 그를 곁에 두고자 하는 강렬한 욕망으로 가득 찼다. 그리하여 제우스는 직접(혹은 독수리의 형상을 빌려) 가뉘메데스를 올림포스로 납치했다. 여기서 흥미로운 점이 하나 있다. 올림포스에는 이미 넥타르를 따르는 직분을 맡은 신이 있었다는 사실이다. 그는 제우스와 헤라 사이에서 태어난, 젊음과 청춘의 여신 헤베였다. 제우스는 헤베를 그 자리에서 물러나게 하고 대신 가뉘메데스를 앉혔다. 이유는 단 하나였다. 그는 헤베를 대체할 만큼 너무도 아름다웠기 때문이다.

어떤 이들은 말한다. "신들이 가뉘메데스를 올림포스로 데려간 이유는 그의 외모가 아니라 내면의 고결함 때문이었다"고. 그러나 나는 그런 해석을 받아들일 수 없다. 고대의 주요 신화 전통에서, 올림포스의 신들은 인간의 내면에 매혹되어 불사의 축복을 내리는 존재로는 거의 그려지지 않기 때문이다. 제우스는 더욱 그랬다. 그의 선택은 도덕적 이상이나 인격적 감동보다는 육체적 아름다움과 욕망에 의해 더 자주 움직였다. 만약 가뉘메데스가 못생긴 추남이었다면 어땠을까? 내면이 아무리 고결하고 아름다웠다 할지라도, 제우스가 과연 그를 올림포스로 데려갔을까? 그렇지 않다고 본다. 결국, 가뉘메데스가 불멸의 존재가 된 데는 그의 도덕적 품성보다는 수려한 외모가 결정적인 요인으로 작용했을 가능성이 크다.

이제 우리는 불편한 질문 앞에 서게 된다. 만약 당신이 나처럼, 외적으로 내세울 것이 없는 그저 그런 평범한 사람이라면 어땠을까? 게다가 내면마저도 숨기고 싶은 과거로 얼룩져 있다면 어땠을까? 우리는 제우스의 사랑을 결코 받지 못했을 것이다. 영생은커녕, 올림포스의 입구조차 밟지 못했을 것이다.

예수님의 사랑, 너무도 독특한 사랑

올림포스의 신들은 영웅적인 용기, 비범한 지혜, 혹은 신이 탐낼 만큼의 아름다움을 지닌 자를 선택하여 불멸의 삶을 부여했다. 그들의 세계에서는 오직 탁월한 자만이 영생으로의 초대를 받을 자격이 있었다. 그렇다면 예수님은 어떠셨을까? 혹시 그분도 여느 그리스-로마 신들과 마찬가지로, 걸출한 사람만을 불멸의 세계로 초대하셨을까? 놀랍게도 그 대답은 "아니오"다. 예수님의 사랑을 받은 우리 자신의 모습을 돌아보라. 그 사랑이 결코 탁월한 소수에게만 주어진 것이 아님을 곧 깨닫게 될 것이다. 그 사랑은 가장 연약하고, 가장 죄 많으며, 가장 불완전한 자들에게까지 흘러간다. 사도 바울이 로마서에서 전한 메시지는 이를 명확하게 증언한다.

> ⁶ 우리가 아직 약할 때에, 그리스도께서는 제 때에, 경건하지 않은 사람을 위하여 죽으셨습니다. ⁷ 의인을 위해서라도 죽을 사람은 거의 없습니다. 더욱이 선한 사람을 위해서라도 감히 죽을 사람은 드뭅니다. ⁸ 그러나 우리가 아직 죄인이었을 때에, 그리스도께서 우리를 위하여 죽으셨습니다. 이리하여 하나님께서는 우리들에 대한 자기의 사랑을 실증하셨습니다. ⁹ 그러므로 지금 우리가 그리스도의 피로 의롭게 되었으니, 그리스도로 말미암아 하나님의 진노에서 구원을 얻으리라는 것은 더욱 확실합니다. (롬 5:6-9)

예수님이 우리를 위해 돌아가신 시점이 언제였는지에 주목해 보자. 우리가 선해졌을 때도, 우리가 의로워졌을 때도 아니었다. "우리가 아직 죄인이었을 때"(롬 5:8), 곧 하나님을 거부하고, 악을 즐기며, 경건함을 저버렸던 바로 그 시점이었다. 예수님은 바로 그때 우리를 대신하여 죽으셨다. 도대체 왜 그러셨는가? 그 이유는 단 하나, 우리를 전심으로 사랑하셨기 때문이다.

나는 이 본문을 읽을 때마다, 로마서의 초고를 써 내려가던 바울의 모습을 상상하게 된다. 그는 이 문장을 기록하면서 과연 무엇을 떠올렸을까? 혹시 그가 다마스쿠스로 향하던 길 위에서 겪었던 사건, 곧 그의 인생을 통째로 뒤바꿨던 사건을 떠올리지는 않았을까? 그는 예수님의 몸인 교회를 핍박하려고 다마스쿠스를 향해 가고 있었다. 그 순간, 하늘에서 벼락처럼 내리친 음성이 그의 영혼을 감전시켰다.

> 사울아, 사울아, 네가 어찌하여 나를 핍박하느냐? … 나는 네가 핍박하는 나사렛 예수이다. (행 22:7-8)

하늘에서 울려 퍼진 이 음성은, 바울의 삶에 영원한 흔적을 남겼다. 그것은 단지 충격적인 사건에 그치지 않았다. 그의 거듭남을 각인시키는 표식, 남은 평생 붙들고 살아야 할 사랑의 증거였다. 실제로 바울은 그 흔적을 부여잡고, 예수 그리스도를 세상에 전하는 자로 살아갔다. 아마도 그는 그 결정적인 순간을 떠올리며 로마서 5장 6-9절을 기록했을지도 모른다.

> [6] [제가] 아직 약할 때에, 그리스도께서는 제 때에, 경건하지 않은 [저를] 위하여, [곧 죄인 중에 괴수인 저를 위하여] 죽으셨습니다. [7] 의인을 위해서라도 죽을 사람은 거의 없습니다. 더욱이 선한 사람을 위해서라도 감히 죽을 사람은 드뭅니다. [8] 그러나 [제가] 아직 죄인이었을 때에, 그리스도께서 [저를] 위하여 죽으셨습니다. 이리하여 하나님께서는 [저에] 대한 자기의 사랑을 실증하셨습니다 …. (롬 5:6-9 적용)

나는 바울이 이 문장을 단숨에 써 내려가지 못했을 것이라 생각한다. 그는 그리스-로마 신화를 깊이 알고 있는 자였다. 그렇기에 올림포스의 신들이 선택하는 방식과 예수님께서 선택하신 방식 사이의 깊고도 아득한 간극을 우리보다 훨씬 더 선명하게 느꼈을 것이다. 올림포스의 신들은 아름답고, 강하고, 탁월한 자를 선택해 불멸이라는 선물을 내린다. 그러나 예수님은 가장 연약하고, 가장 죄 많고, 가장 부끄러운 자에게 불멸을 주신다. 그것도 자신의 생명을 내어주심으로써. 그리고 그 불멸의 수혜자들 가운데는 "죄인 중의 괴수"인 바울 자신도 있었다. 그는 그 사실을 누구보다도 더 깊이, 더 절실하게 알고 있었을 것이다.

로마서를 기록하다가 멈추고 문득 바깥으로 나가 하늘을 올려다보는 바울의 모습을 상상해 보자. 그는 아마도 천상에서 울려 퍼졌던 그 목소리를, 하늘을 가르고 벼락처럼 임했던 그 음성을 떠올리며 눈시울을 붉혔을지도 모른다. "왜 나 같은 자를 사랑하셨습니까?" 그는 하늘을 향해 이와 같은 질문을 던졌을 수도 있다. 다마스쿠스로 가던 길 위에서 경험했던 그 충격적인 사건을 마음 깊이 되새기며, 터져 나오는 감정의 물결을 간신히 누르려 애썼을지도 모른다. 하늘 아래에서 잠시 마음을 가다듬은 뒤, 다시 조용히 집 안으로 들어가 로마서의 문장을 이어 나가진 않았을까?

그러나 이보다 더 놀라운 사실이 있다. 예수님의 사랑은 "죄인 중의 괴수"인 바울을 넘어, "괴수 중의 으뜸"인 우리에게까지 흘러들어왔다는 사실이다. 이럴 수가! 우리에게는 신의 사랑을 받을 만한 자격이 단 하나도 없다. 아니, 오히려 우리는 심판과 진노를 받아 마땅한 자들이다. 그런데도 하나님은 우리에게 무한한 사랑을 먼저 흘려주셨다. 우리가 먼저 하나님을 사랑한 것이 아니라, 하나님께서 먼저 우리를 사랑하셨다. 바울이 몸으로 경험하고 전 생애를 걸고 전파했던 사랑, 바로 그 사랑이 오늘날 우리에게도 부어졌다.

강제적이지 않은 사랑

이제 베드로에게로 가 보자. 나는 종종 예수님을 세 번이나 부인했던 그 밤의 베드로를 떠올린다. 예수님은 이미 모든 것을 알고 계셨다. 베드로가 자신을 부인하게 될 것이란 사실과, 그가 두려움에 사로잡혀 이렇게 외치게 될 일도 말이다.

  나는 예수를 모른다!
  나는 저 사람과 아무 관계도 없다!
  그를 저주하며 맹세하건대, 나는 그를 알지 못한다!

그런데도 예수님은 그를 사랑하셨다. 끝까지 사랑하셨고, 변함없이 사랑하셨다. 그의 배신 이후에도 예수님의 사랑은 단 한 치도 줄어들지 않았다. 그리고 마침내 바닷가에서 다시 마주하게 된 그 순간, 예수님은 당신이 베드로를 얼마나 사랑하시는지를 온전히 보여주셨다.

베드로야,

네가 나를 사랑하느냐?

네가 나를 사랑하느냐?

네가 나를 사랑하느냐?

예수님은 베드로에게 세 번이나 같은 질문을 던지셨다. "네가 나를 사랑하느냐?"(요 21:15-17). 많은 이가 이 장면에서 베드로를 회복시키시는 예수님의 사역을 떠올린다. 예수님을 세 차례나 부인한 베드로에게 세 차례 연달아 "네가 나를 사랑하느냐?" 질문하시는 장면이, 마치 그의 상처를 어루만지고 회복시키시는 장면처럼 보이기 때문이다. 그러나 나는 이보다 더 깊은 층위가 본문에 있다고 믿는다. 예수님의 질문 속에는 사명의 회복을 넘어서는 개인적인 감정이 담겨 있다. 그것은 바로 예수님의 마음, 다시 말해 베드로로부터 더 큰 사랑을 받길 원하시는 예수님의 깊은 감정이다. 우리가 듣진 못했지만, 예수님께서 던지신 세 차례의 질문 속에는 또 하나의 음성이 숨어 있었을지도 모른다.

베드로야,

네가 나를 사랑하느냐?

(나는 너를 사랑한다 ….)

네가 나를 사랑하느냐?

(나는 너를 정말 사랑한다.)

네가 나를 사랑하느냐?

(나도 너로부터 더 큰 사랑을 받길 원한다!)

나는 베드로가 괄호 안에 담긴 예수님의 음성을 분명히 들었을 것이라고 믿는다.

예수님의 기이한 사랑

이쯤에서 한 가지 의심을 품어 볼 수 있다. 예수님의 사랑을 처음 접한 그리스-로마 시대의 이교도라면, 이렇게 묻지 않았을까?

혹시 예수님께서 에로스의 황금 화살을 맞은 것이 아닐까? 그렇지 않다면, 도대체 어떻게 그토록 사랑받을 자격이 없는 존재들을 그처럼 깊이 사랑하실 수 있단 말인가?

흥미로운 질문이다. 그러나 에로스의 화살이 불러오는 사랑과, 예수님께서 보여주신 사랑 사이에는 결정적인 차이가 있다. 에로스의 황금 화살은 우연히 스쳐 간 첫 대상을 향하여 충동적인 감정만을 만들어 낸다. 그 화살에 맞은 자는 자신이 처음 본 사람에게 이유 없는 사랑과 선택 없는 사랑을 느낀다. 그 사랑은 순간적이고 통제할 수 없으며 대상을 가리지 않는다. 그것은 사랑이라기보다 기계적인 반응에 가깝다. 그렇다면 예수님의 사랑도 그런 것이었을까?

그렇지 않다. 예수님은 당신의 시야에 우연히 들어온 첫 사람만을 사랑하시지 않았다. 그분의 사랑은 충동적인 반응이 아니라, 의지와 결단에서 비롯된 것이었다. 예수님은 단지 눈에 들어온 대상을 향한 감정에 반응하신 것이 아니라, 세상의 모든 인류를 향한 포괄적이고 의도된 사랑을 품고 계셨다. 심지어 아직 태어나지도 않은 우리를 향해서도 말이다.

> 그렇다면 혹시 누군가가 예수님의 눈에 팬지꽃 즙을 발라 두었던 것은 아닐까?

당시 이교도라면 이런 의문을 제기했을지도 모른다. 하지만 이 또한 그렇지 않다. 팬지꽃 즙의 마법은 눈에 바른 직후 처음 본 사람에게만 사랑의 감정을 느끼게 하는 제한적이고 주입된 감정 조작일 뿐이다. 하지만 예수님의 사랑은 다르다. 그 사랑은 단 한 순간만을 향한 마법이 아니라, 시간을 초월하고 공간을 넘어 흐르는 영원한 사랑이었다. 놀랍게도, 그 사랑은 여전히 유효하다. 지금 이 글을 쓰고 있는 '나'와, 읽고 있는 '당신'을 향해서도 흐르고 있기 때문이다.

그렇다. 예수님의 사랑은 에로스의 황금 화살도, 팬지꽃 즙의 마법도 초월한다. 그 사랑은 외력에 의해 주어진 감정이 아니다. 타의에 떠밀려 어쩔 수 없이 품게 된 감정도 아니다. 그 사랑은 의지적인 선택이자, 자발적으로 감내한 결단이다. 무엇보다도 그 선택은 십자가에서 명확하게 드러났다. 예수님은 세상을 향해 두 팔을 벌리셨다. 손에 거친 못이 박히고 이마에는 가시관이 씌워졌지만, 그 순간에도 여전히 우리를 사랑하셨다. 우리가 연약할 때에도, 우리가 죄인으로 살고 있을 때에도, 우리가 세 번을 넘어 수없이 당신을 부인했을 때에도, 예수님은 확고하고 변함없이 우리를 사랑하신다.

십자가 사랑, 먼저 사랑하신 그 사랑

예수님의 사랑은 강제로 취하지 않고, 인격적으로 구하는 사랑이기에 진실하다. 마치 엄동설한을 뚫고 피어나는 한 송이 꽃처럼, 그 사랑은 슬프도록 아름답다. 가슴 깊숙이 파고들어 조용히 자리를 잡는 그 사랑이 바로 예수님의 사랑이다. 그것은 팬지꽃 즙으로도, 황금 화살로도 결코 만들어 낼 수 없는 지고한 사랑이다.

>팬지꽃 즙을 눈에 바르면
>처음 본 이를 사랑하게 된다 했지
>
>에로스의 화살이 심장을 뚫으면
>거부할 수 없는 사랑이 타오른다 했지
>
>그러나
>십자가 사랑은 달랐네
>마법을 쓰지 않는 사랑

화살을 쓰지 않는 사랑

대신, 자신을 나무에 내어던지며
우리를 먼저 사랑하신 그 사랑

그 사랑은
강요하지 않는 사랑
억지로 끌어당기지 않는 사랑

우리가 죄인이었을 때에도
우리가 그분을 부인했을 때에도
우리가 돌아선 채 걸어갈 때에도

그럼에도 우리를 먼저, 끝까지 사랑하신
그분의 사랑

지금도
팬지꽃 즙도, 황금 화살도 없이
십자가를 통해 조용히 묻고 계신 사랑

"네가 나를 사랑하느냐?"
(나는 너를 사랑한다 ….)

"네가 나를 사랑하느냐?"

(나는 너를 정말 사랑한다.)

"네가 나를 사랑하느냐?"

(나도 너로부터 더 큰 사랑을 받길 원한다!)

    우리는 종종 예수님이 인간이라는 사실을 잊는다. 하지만 예수님께서 성자 하나님이라는 사실만 주목하다 보면, 그분의 완전한 인간 되심을 놓치게 된다. 예수님도 감정을 지닌 인간이셨다. 우리가 거절하면 아파하시고, 우리가 외면하면 슬퍼하시며, 우리가 사랑하면 기뻐하신다. 나는 내 감정의 변화에 반응하시는 예수님이 참 좋다. 그분은 내 존재 깊은 곳에서 터져 나오는 예배를 받으시기에 합당한 하나님이시며, 내 영혼 가장 깊은 데서 솟구쳐 오르는 사랑을 받기에 합당한 인간이시다. 신인(神人)이신 예수님. 나는 그분의 신성을 두 손 들고 찬양하고, 그분의 인성을 두 팔로 끌어안는다. 때로는 투정하고, 때로는 원망하고, 때로는 토라질 때도 있지만, 그럼에도 다시 그분께 나아가 회개하고, 용서를 구하며, 내 인간됨을 드러낸다. 나를 끝까지 붙드시는 예수님의 사랑에 반응하며 오늘을 살아간다. 그 신비로운 사랑 속에서 하나님의 마음을 느낀다.

    나를 "먼저" 사랑하신 하나님의 그 마음을.

> 우리가 사랑하는 것은 하나님이 우리를 먼저 사랑하셨기 때문입니다.
>
> (요일 4:19)

제3장 \ 내 암브로시아를 먹고, 내 넥타르를 마시라

고대 그리스-로마의 사람들은 단순히 배를 채우기 위해 음식을 먹지 않았다. 그들에게 '먹는 것'은 곧 '존재의 방향'을 결정짓는 일이었다. 이 땅에서 나는 양식, 즉 필멸의 육신을 유지하는 곡식과 포도주 말고도, 그들은 하늘과 지하 두 세계에 속한 특별한 영양소가 따로 존재한다고 믿었다. 하늘에서 내려오는 것은 넥타르와 암브로시아. 오직 신들에게만 허락된, 불멸을 약속하는 신비한 음식과 음료였다. 그것을 입에 댄 자는 늙지 않았고, 시들지 않았으며, 죽지 않았다. 반면, 지하세계에서 오는 것은 석류였다. 그 유혹적인 붉은 열매는 한 번 삼키면 다시는 지상을 떠날 수 없는 저승의 음식이었다. 그것은 영혼을 사슬처럼 묶어 어둠의 세계에 귀속시키는 마법과도 같았다. 이처럼 고대인에게 '무엇을 먹느냐'는 단순히 생존의 문제가 아니었다. 그것은 곧 내가 누구인지 정체성을 말해주었고, 어디로 가고 있는지 운명을 결정지었다. 이제 우리의 시선을 신약성경으로 돌려 보자. 고대인의 눈으로 이 위대한 메시지를 바라본다면, 지금껏 우리가 놓치고 있던 신비스러운 진실이 서서히 모습을 드러낼 것이다. 그것은 바로, 예수님께서 자신의 몸과 피를 '하늘에서 내려온 양식과 음료'라 선포하셨다는 사실이다.

제3장 \ 내 암브로시아를 먹고, 내 넥타르를 마시라

You are what you eat

미국에 살다 보니, 이곳 사람들의 언어 습관에 점점 익숙해진다. 그중에서도 요즘 유난히 자주 귀에 들어오는 표현이 하나 있는데, 바로 "You are what you eat"이다. 직역하면 "당신은 곧 당신이 먹는 것이다"라는 뜻이다. 하지만 이 표현은 단순히 직역을 넘어, "사람의 건강과 신체 상태는 그가 섭취하는 음식에 따라 결정된다"라는 의미로 사용된다. 건강한 음식을 먹으면 몸이 건강해지지만, 불량한 음식을 섭취하면 몸이 쇠약해진다는 것이다. 우리가 무엇을 먹느냐에 따라 우리의 몸, 나아가 삶의 질까지 달라진다는 점은 이제 상식이 되었다. 그런 의미에서 "You are what you eat"은 음식이 인간에게 미치는 영향을 간결하면서도 문학적으로 잘 포착한 표현이라 할 수 있다.

흥미롭게도 이와 비슷한 사고방식이 고대인들의 상상 속에도 존재했다. 특히 그리스-로마 신화 속에는 음식이 건강에 영향을 주는 것을 넘어, 존재의 본질과 운명까지도 좌우하는 상징으로 등장하곤 한다. 대표적인 예가 천상의 음식인 넥타르와 암브로시아, 그리고 지하세계의 음식인 석류다. 곧 살펴보겠지만, 이 음식들은 단순한 식재료가 아니다. 그것을 먹는 자의 신분과 정체성, 심지어는 삶의 궤도와 운명마저 바꿔 놓는 신적인 매개물이다.

천상의 영양소, 넥타르와 암브로시아

그리스-로마 신화에서 넥타르와 암브로시아는 단순한 음식이 아니다. 그것은 불사의 본질을 담고 있는 신성한 양식, 곧 신들의 존재를 가능하게 하는 영적 영양소다. 암브로시아는 신들의 식사였고, 넥타르는 신들의 음료였다. 신들은 이 양식을 통해 그들의 힘을 보존하고, 존재의 위엄을 유지한다. 아무리 강력한 신이라 할지라도, 이 음식을 지속적으로 섭취하지 못한다면 그 권능 역시 서서히 약해질 수밖에 없다.

이쯤에서 하나의 흥미로운 질문을 던져 보자. 만약 인간이 신들의 음식을 섭취한다면 어떻게 될까? 그것을 먹은 인간 역시 불멸의 존재가 될 수 있을까? 신화는 이 물음에 대해 조심스럽게, 그러나 분명하게 답변한다.

그럴 수 있다. 하지만 그 축복은 오직 극소수에게만 주어진다.

넥타르와 암브로시아는 아무에게나 허락되는 음식이 아니었다. 그것은 신들이 스스로 선택한 소수의 인간—신의 눈에 들 만큼 탁월한 존재—에게만 제공되었다. 그들에게 이 양식을 나누어 주는 것은 곧 불멸의 삶으로의 초대였고, 신적 권역으로의 입문이었다.

그러나 만약 인간이 신들의 허락 없이 이 음식을 취하려 든다면, 이야기가 전혀 달라진다. 그것은 단지 음식 도둑질에 그치는 것이 아니라, 신들의 세계를 침범하려는 반역 행위로 간주되었다. 그 결과는 언제나 혹독했다. 신들의 권역에 대한 도전은 곧 신들의 분노를 자초하는 일이었고, 그 분노는 대개 치명적인 파멸로 귀결되었다.

신들의 음식과 음료, 그리고 탄탈로스

탄탈로스는 리디아 또는 프리기아의 왕이었다. 그는 올림포스의 신들로부터 특별한 신뢰를 받았고, 신들의 연회에 초대받을 만큼 하늘에 가까운 인간이었다. 그러나 바로 그 특권 의식과 오만함이 그의 운명을 뒤틀어 놓았다. 감히 넥타르와 암브로시아를 훔쳐, 신이 선택하지 않은 자들에게 몰래 나눠 주려고 했던 것이다. 그의 행위는 단순한 절도가 아니었다. 그것은 신의 권역을 침범하는 존재론적 반역이었다. 신들이 선택한 이가 아닌 자에게 불사의 본질이 담긴 양식을 공급하는 것은, 곧 신성과 인간성의 경계—영원성과 필멸성의 구분—를 허무는 심각한 행위였다. 탄탈로스는 신들과 인간 사이에 정해진 질서를 뒤흔들었고, 그 결과 고통스러운 형벌을 받게 된다.

신들은 그를 저승의 가장 깊은 심연, 타르타로스로 추방했다. 그곳에서 그는 끝없는 갈증과 배고픔을 느끼는 고통스러운 형벌을 받았다. 탄탈로스는 맑은 물이 찰랑이는 연못 속에 허리까지 잠겨 있다. 그러나 물을 마시기 위해 고개를 숙이면 물은 그의 입술을 피해 아래로 사라져 버린다. 탄탈로스의 머리 위에는 탐스러운 과일이 주렁주렁 열려 있다. 그러나 배가 고파 손을 뻗으면 가지가 위로 올라가 과일에 닿을 수 없게 된다. 그렇게 그는 영원히 목마르고, 영원히 배고픈 존재가 되었다.

이 형벌은 단순한 고통이 아니었다. 그것은 범죄와 형벌이 정밀하게 대응되는 신들의 응징 방식이었다. 그는 넥타르를 훔쳤기에 갈증에 시달려야 했다. 또한 그는 암브로시아를 훔쳤기에 굶주림 속에 갇혀야 했다. 그렇게 그는 영원히 마실 수도, 먹을 수도 없게 되었다. 그가 훔치려 했던 신의 축복은 이제 그를 영원히 괴롭히는 저주가 되었다. 탄탈로스는 끝없는 갈망 속에서 자신이 무엇을 잘못했는지를 곱씹었을 것이다. 그리고 신들의 양식은 감히 넘볼 수 없는 성역이었다는 사실을 뼈저리게 깨달았을 것이다. 하지만 너무 늦었다. 물은 이미 엎질러졌다.

신들의 음식과 음료, 그리고 티토노스

인간이 신들의 음식을 감히 먹을 수 없다는 개념은 신적 축복을 감당하지 못하는 인간 존재의 한계를 보여 준다. 그 한계는 새벽의 여신 에오스와, 트로이아 출신의 청년 티토노스의 이야기에서도 극명하게 드러난다. 에오스는 인간 청년 티토노스를 사랑했다. 그의 빛나는 외모와 청춘의 에너지는 새벽의 신마저 매혹시킬 만큼 눈부셨다. 그를 영원히 곁에 두고 싶었던 에오스는 제우스에게 이렇게 간청했다.

그를 불멸하게 해 주세요.

제우스는 그 청을 들어주었고, 티토노스는 하루아침에 필멸자에서 불멸자로 신분이 바뀌었다. 하지만 에오스는 치명적인 실수 하나를 저질렀다. 그녀는 "불멸"을 요청했을 뿐, "젊음을 간직한 채 불멸하도록 해 달라"는 청은 하지 않았던 것이다. 그 결과는 비극이었다. 티토노스는 영원히 늙는 존재가 되었다. 육체는 점점 쇠약해지고, 피부는 쭈글쭈글하게 주름지며, 정신은 흐릿해져 갔다. 그런데도 그는 죽을 수 없었다. 죽음이 거두어 가지 않는 존재, 시들어 가는 육신 속에 영혼이 갇힌 존재가 되었기 때문이다. 그가 경험한 불멸은 축복이 아닌 형벌이었고, 그 삶은 죽음보다 더 참혹한 고통이었다. 에오스는 티토노스를 사랑했지만, 그녀는 인간이 신의 속성을 감당할 수 없다는 사실을 미처 알지 못했다. 불멸은 젊음 없이 주어질 때 참혹한 저주가 될 수 있음을 뒤늦게 깨달았던 것이다.

그렇다면 티토노스가 젊음을 유지할 방법은 없었을까? 사실, 방법은 있었다. 바로 신들의 양식, 넥타르와 암브로시아를 섭취하는 것이다. 이 천상의 음료와 음식은 단지 영양분만이 아니라, 불멸과 젊음을 동시에 보장하는 신적 에너지원이었다. 올림포스의 신들은 이 양식을 먹으며 생명력을 유지했고, 늙지 않는 젊음을 영원히 간직할 수 있었다. 문제는 이 축복이 인간에게는 허락되지 않는다는 데 있었다. 비록 티토노스가 불멸을 얻긴 했지만, 그는 본질적으로 여전히 인간이었다. 신들의 양식은 어디까지나 신을 위한 음식이었고, 인간은 감히 그것에 손을 댈 수 없었다. 심지어 에오스조차도, 신으로서 그 음식을 손에 쥐고 있음에도 불구하고, 사랑하는 이를 위해 그것을 나누어 줄 수는 없었다. 그녀는 알았다. 넥타르와 암브로시아를 티토노스에게 먹이는 순간, 그는 신의 영역에 침범한 자가 되어 신들의 분노를 살지도 모른다는 사실을. 그렇기에 그녀는 침묵했고 결국 티토노스는 움직일 수조차 없는 허약한 상태로, 늙고 쇠약해진 모습으로, 영원히 살아가야 하는 운명이 되어 버렸다. 에오스는 그를 사랑했지만, 더 이상 늙어 버린 그의 모습을 감당할 수 없었다. 결국 그녀는 그를 메뚜기(혹은 매미)로 변신시켰다. 노래하며 여생을 보낼 수 있도록 배려해 준 것이다. 티토노스의 전설은 우리에게 중요한 개념을 가르쳐 준다. 불멸이 축복이 되기 위해서는 반드시 젊음이라는 날개가 필요하다는 것, 그리고 그 날개는 오직 신들의 양식으로부터 주어진다는 것이다.

　영원히 살 수는 있지만, 그와 동시에 영원히 늙고 쇠약해지는 삶이라면 과연 누가 원하겠는가? 그렇기에 영원한 생명이 참된 축복이 되려면, 반드시 젊음과 건강이 함께 주어져야 한다. 병들고 아파서 점차 힘을 잃어 가는 영원이라면, 그것은 축복이 아니라 끝나지 않는 저주에 가깝다. 그래서 올림포스의 신들은 인간과 신의 경계를 지키고자 했다. 넥타르와 암브로시아, 그 불사의 양식이 결코 인간에게 나누어지지 않은 까닭이다. 그 경계는 너무도 단단했다. 스스로의 힘으로 그 경계를 넘을 수 있는 인간은 아무도 없었다. 오직 신들이 직접 선택한 자들만이 그 경계를 넘어설 수 있었다. 그리고 그 경계를 넘은 자는 손에 꼽을 만큼 적은, 극소수의 존재들뿐이었다.

넥타르와 암브로시아의 또 다른 효능

　넥타르와 암브로시아는 단순히 먹는 데만 사용되지 않았다. 그것들은 섭취를 넘어서서 보다 신비로운 용도로도 사용되곤 했다. 이를 잘 보여주는 두 가지 사례를 살펴보자.

　첫 번째는 트로이아 전쟁 중 벌어진 이야기다. 용맹한 전사 파트로클로스가 장렬히 전사하자, 그를 누구보다 사랑했던 아킬레우스는 그의 시신이 부패하는 것을 견딜 수 없었다. 고대 그리스인들에게 육체의 부패란 단순한 물리적 현상만이 아니었다. 그것은 존재의 소멸, 곧 인간 존엄의 붕괴를 의미했다. 영혼보다 육체의 온전함을 중시하던 이들에게 썩어가는 시신은 치욕의 극치였다. 파트로클로스를 향한 아킬레우스의 깊은 슬픔을 안타깝게 여긴 이가 있었다. 바로 그의 어머니이자 바다의 여신인 테티스였다. 그녀는 올림포스에서 가져온 넥타르와 암브로시아를 꺼내 파트로클로스에게 부었다.

> 은발의 테티스가 넥타르와 암브로시아를 그(= 파트로클로스)의 콧구멍에 부어, 그의 살이 부패하지 않도록 했다. (호메로스, 『일리아스』 19.38-39)

이럴 수가! 신들의 음식과 음료에는 인간의 시신을 죽음의 상징인 부패로부터 유예시키는 신성한 힘이 깃들어 있었던 것이다.

두 번째 사례 역시 호메로스의 『일리아스』에 등장한다. 전우의 죽음에 분노와 복수심으로 불타오른 아킬레우스는 음식을 거부한 채 곧장 전투에 나서려 했다. 하지만 신들은 그가 굶주림으로 인해 연약해지는 것을 바라지 않았다. 그래서 지혜와 전쟁의 여신 아테나가 개입한다.

> 아테나는 암브로시아와 넥타르를 그(= 아킬레우스)의 가슴에 부어, 그가 배고픔으로 인해 힘을 잃지 않도록 했다. (호메로스, 『일리아스』 19.347-348, 353-354)

놀랍지 않은가? 넥타르와 암브로시아는 단순한 음료나 음식이 아니었다. 그것은 심장을 타고 흐르는 힘, 육체를 지탱하는 영혼의 에너지, 죽음을 지연시키는 비밀의 정수였다. 요컨대, 이 신성한 하늘의 영양소는 신에게는 불멸을 제공하는 생명의 원천이었고, 전사에게는 굶주림과 피로를 이기는 전투의 힘이었으며, 죽은 자에게는 부패를 유예시키는 거룩한 약재였다. 그야말로 "하늘의 영양소"라는 이름에 걸맞는 경이롭고도 신비한 축복의 성분이었다.

지하의 음식, 석류

천상에 넥타르와 암브로시아가 있었다면, 지하세계에는 석류가 있었다. 그러나 신화 속 석류는 단순한 과일이 아니었다. 그 붉은 과육은 피처럼 선연하고, 그 안에 품은 씨앗 하나하나에는 저승의 기운이 스며 있었다. 그래서 석류를 먹는다는 것은 곧 죽음의 세계에 귀속됨을 뜻했다. 지하의 열매는 영혼의 방향을 돌려놓고, 돌이킬 수 없는 결박의 고리가 되었다. 이 지하의 음식은 신화 속 한 여신의 운명을 바꾸는 결정적인 도구가 되었는데, 그 여신의 이름은 바로 페르세포네였다.

페르세포네는 하늘의 왕 제우스와 대지의 여신 데메테르 사이에서 태어났다. 곧 하늘과 땅이 맞닿아 낳은 딸이었다. 곡식과 풍요, 생명의 순환을 관장하던 그녀는 존재만으로도 세상을 따뜻하게 만들었다. 그녀가 있는 한 들판은 푸르고, 계절은 순하게 흘렀으며, 인간은 풍요를 누릴 수 있었다. 그러던 어느 날, 지하의 왕 하데스의 눈에 그녀가 들어왔다. 그녀가 들판에 앉아 꽃을 따던 순간, 햇살 아래서 빛나던 모습을 본 것이다. 어쩌면 그것은 처음부터 운명이었는지도 모른다. 하데스의 가슴 깊은 곳에서 욕망과 집착이 불처럼 피어올랐다. 그는 결심했다. 그녀를 자신의 왕비로 삼겠노라고. 그리고는 땅을 갈라 그녀를 삼켜 버렸다. 하늘의 빛 아래 춤추던 여신은 그렇게 깊고 어두운 지하세계로 사라졌다.

딸이 사라졌다는 사실을 깨달은 데메테르는 깊은 절망에 빠졌다. 대지를 품은 여신의 가슴에는 슬픔이 차올랐고, 그녀는 더 이상 땅을 돌보지 않았다. 광기 어린 슬픔이 그녀를 가두었고, 딸을 찾아 온 세상을 헤매게 만들었다. 하지만 어디에도 페르세포네는 없었다. 어머니의 슬픔이 깊어질수록 땅은 병들어 갔다. 들판은 메말랐고 강물은 줄어들었다. 나무는 잎을 떨구었고 곡식은 자라지 않았다. 인간들은 추위와 기근 속에서 신들에게 자비를 구했지만, 데메테르는 귀를 기울이지 않았다. 딸이 없는 세상은 그녀에게 무의미했다. 세상은 그렇게 점점 죽음의 얼굴을 닮아 갔다.

그제야 제우스는 사태의 심각성을 깨달았다. 우주의 질서를 관장하던 그는 사실 하데스가 페르세포네를 데려갈 것을 이미 알고 있었다. 하데스가 그의 계획을 제우스에게 말했고, 제우스도 이에 동조했기 때문이다. 그러나 천하의 제우스도 이토록 세상이 혼란에 빠질 줄은 예상하지 못했다. 결국 대지의 숨결이 멈춰가는 것을 눈 앞에서 목도한 제우스는 하데스에게 명령을 내린다.

그 아이를 땅 위로 돌려보내라.

하데스는 탐탁지 않았다. 그는 페르세포네를 사랑했고, 이미 그녀를 자신의 세계에 받아들인 뒤였다. 하지만 그는 질서를 파괴하는 존재가 아니었다. 그는 제우스의 명령을 어기지 않되, 자기의 방식대로 대응한다. "저승에서 음식을 먹은 자는 결코 지하세계를 완전히 떠날 수 없다." 그 오래된 법칙을 떠올린 하데스는 붉게 익은 석류를 조용히 페르세포네에게 내민다. 그녀는 아무것도 모른 채 석류 알 몇 개를 입에 넣는다. 그 순간 그녀는 저승과 인연이 맺어진다. 지하세계 밖으로 완전히 돌아갈 수 없는 몸이 된 것이다. 설령 지상을 방문한다 해도, 매년 일정 기간 동안은 반드시 저승에 머물러야만 했다.

이 사실을 알게 된 데메테르는 하늘을 향해 울부짖었다. 땅을 움켜쥐며 통곡했다. 하지만 아무리 애타게 부르짖어도, 이미 쏟은 물은 다시 담을 수 없었다. 그 누구도, 석류를 입에 댄 아이를 지상으로 완전히 돌려보낼 수는 없었다. 그리하여 신들은 모여 한 가지 절충안을 내놓는다. 페르세포네가 해마다 몇 달은 어머니의 품인 지상에서 보내고, 나머지 달은 하데스 곁인 저승에서 지내게 하자는 것이었다. 모두가 그 제안에 고개를 끄덕였고, 데메테르도 눈물 속에서 이를 받아들였다.

그때부터였다. 세상은 조금씩 달라지기 시작했다. 페르세포네가 어디에 머무느냐에 따라 땅의 기운이 바뀌고 하늘의 색이 달라졌다. 그녀가 지상에 머무는 동안 데메테르의 얼굴에는 다시 미소가 번졌다. 사랑하는 딸이 곁에 있다는 기쁨은 대지의 숨결을 다시 따뜻하게 만들었다. 얼어붙었던 땅은 녹아내리고, 시든 들판에는 연둣빛 싹이 움텄다. 그렇게 세상은 다시 꽃을 피우고 강물은 힘차게 흐르며 생명이 숨을 쉬기 시작했다. 봄이 왔다. 그리고 곧 여름이 뒤따랐다. 곡식은 무르익어 가고 햇살은 풍요로웠다. 하지만 그 시간이 길지는 않았다. 페르세포네가 저승으로 돌아가는 날, 데메테르의 마음도 함께 무너졌다. 슬픔은 다시 대지를 뒤덮었고, 차가운 바람이 불기 시작했다. 들판은 서서히 메말랐고 나무는 잎을 떨구었다. 꽃이 지고 열매는 사라지고 대지는 잠들었다. 마침내 겨울이 온 것이다. 고대인들은 믿었다. 이 모든 계절의 순환은 단 하나의 과일―저승의 열매, 석류―에서 비롯되었다고. 그 작고 붉은 열매 몇 알이 한 여신의 운명을 바꾸어 놓았고, 그녀의 어머니의 시간을 갈라놓았으며, 결국 이 세계에 계절이라는 숨결을 불어넣은 것이라고.

지금까지 살펴본 것처럼, 그리스-로마 시대의 사람들은 우리가 먹는 음식이 단지 배를 채우는 수단만은 아니라고 믿었다. 인간이 매일같이 섭취하는 땅의 양식, 곧 생명을 유지해 주는 곡물이나 물과 같은 양식은 필멸의 삶을 위한 것이었다. 그러나 그 너머, 하늘과 지하의 세계에는 전혀 다른 차원의 영양소가 존재한다고 여겼다. 하늘의 양식 넥타르와 암브로시아는 신들의 숨결이 깃든 음식이었다. 그것을 먹는 자는 시들지 않고, 쇠하지 않으며, 시간의 흐름을 역행하는 존재가 될 수 있었다. 그에 반해, 지하에서 자라는 석류는 정반대의 힘을 품고 있었다. 겉은 붉고 아름다웠지만, 그 안에는 영혼을 묶어두는 사슬이 들어 있었다. 석류를 입에 대는 순간, 지하에 귀속되었고, 다시는 자유로울 수 없었다. 그들에게 '무엇을 먹는가'는 곧 '어떤 존재로 살 것인가'를 결정하는 일이었다. 한 입의 음식이, 한 모금의 음료가, 인간의 본질과 운명을 바꿀 수 있다고 믿었던 것이다. 삶을 이어가는 데 필요한 양식 너머에, 존재를 바꾸는 양식이 있다고 믿었던 고대인들. 그들의 신화는 이렇게 속삭인다. "당신은 당신이 먹는 그 무엇이 된다." 결국 어떤 양식을 섭취하느냐는 단순한 생존의 문제가 아니었다. 그것은 존재의 본질과 방향을 결정짓는 선택이었다.

하늘에서 내려온 영양소, 예수님의 살과 피

이제 우리의 시선을 신약성경으로 돌려보자. 고대인의 시선으로 이 위대한 메시지를 다시 들여다보면, 그동안 우리 눈에 가려졌던 신비로운 비밀이 모습을 드러낸다. 그 비밀은 바로 예수님께서 자신의 살과 피를 "하늘에서 내려온 양식과 음료"로 선포하셨다는 사실이다.

> [35] 예수께서 그들에게 말씀하셨다. "내가 생명의 빵이다. 내게로 오는 사람은 결코 주리지 않을 것이요, 나를 믿는 사람은 다시는 목마르지 않을 것이다. … [48] 나는 생명의 빵이다. … [50] 하늘에서 내려오는 빵

은 이러하니, 누구든지 그것을 먹으면 죽지 않는다. [51] 나는 하늘에서 내려온 살아 있는 빵이다. 이 빵을 먹는 사람은 누구나 영원히 살 것이다. 내가 줄 빵은 나의 살이다. 그것은 세상에 생명을 준다." (요 6:35-51)

이럴 수가! 예수님의 살이 하늘에서 내려온 양식이라니! 그것도, 먹는 자를 영원히 살게 한다니! 예수님의 말씀은 여기서 멈추지 않는다. 그분은 자신의 피 또한 신령한 음료라고 말씀하신다.

> [53] 예수께서 그들에게 말씀하셨다. "내가 진정으로 진정으로 너희에게 말한다. 너희가 인자의 살을 먹지 아니하고, 또 인자의 피를 마시지 아니하면, 너희 속에는 생명이 없다. [54] 내 살을 먹고, 내 피를 마시는 사람은 영원한 생명을 가지고 있고, 마지막 날에 내가 그를 살릴 것이다. [55] 내 살은 참 양식이요, 내 피는 참 음료이다. [56] 내 살을 먹고, 내 피를 마시는 사람은 내 안에 있고, 나도 그 사람 안에 있다. [57] 살아 계신 아버지께서 나를 보내셨고, 내가 아버지 때문에 사는 것과 같이, 나를 먹는 사람도 나 때문에 살 것이다. (요 6:53-57)

예수님의 몸이 하늘에서 내려온 양식이라면, 예수님의 피도 당연히 천상에서 내려온 음료가 된다. 잠깐, 하늘에서 내려온 양식? 하늘에서 부어진 음료? 이 얼마나 익숙한 표현인가? 암브로시아와 넥타르의 전통을 알고 있던 고대의 이교도라면, 이 말을 듣는 순간 심장이 멈출 만큼 놀랐을 것이다. 왜냐하면 예수님께서 천상의 양식을 대하는 태도가 이교 신들이 보였던 태도와 전혀 달랐기 때문이다.

첫째, 예수님의 선물은 모든 이를 향해 열려 있다. 그 선물은 누구도 배제하지 않고, 누구도 차별하지 않는다. 그 옛날 올림포스의 신들은 넥타르와 암브로시아를 철저히 감췄다. 천상의 음료와 음식은 오직 선택받은 자, 그것도 눈부신 미모나 비범한 재능을 지닌 극소수에게만 허락된 특권이었다. 그 식탁에 초대받지 못한 자는 아무리 갈망해도 결코 그 향기조차 맡을 수 없었다. 하늘의 양식은 배제와 선별의 언어로 이루어진 영역이었다. 불멸과 불사의 특권은 일정한 기준에 따라 가려진 자들에게만 허용되었다. 그러나 예수님께서는 전혀 다른 방식으로 하늘의 식탁을 여신다. 그분은 당신의 살과 피를 모두에게—정말로 모두에게—나누어 주셨다. 미모도, 명예도, 재능도 필요 없다. 가난한 자도, 슬퍼하는 자도, 외로운 자도, 죄로 얼룩진 자도, 단지 그분을 믿기만 하면 된다. 예수님의 살은 이제 모든 이를 위한 하늘의 양식이 되었고, 예수님의 피는 그 누구도 배제하지 않는 신령한 음료가 되었다. 이 얼마나 놀라운 은혜인가! 올림포스 신들의 식탁은 철저히 닫혀 있었지만, 예수님의 식탁은 끝까지 열려 있다. 그 누구도 "자격"을 요구받지 않는다. 오직 믿음으로 그 식탁에 다가가기만 하면 된다. 그렇게 한때 신들의 전유물이었던 천상의 양식은 이제 우리 모두를 위한 생명의 양식이 되었다. 거룩함을 스스로 증명해야만 닿을 수 있었던 식탁이, 이제는 겸

손히 믿음으로 나아오는 누구에게나 열리게 되었다. 구원의 만찬, 그 식탁 앞에서 우리는 초대받은 자가 된다. 특별해서가 아니라, 사랑받기 때문에.

둘째, 예수님의 선물은 자발적이고 합법적이다. 그리스 신화 속 신들은 인간이 천상의 양식에 손을 대는 것을 극도로 꺼렸다. 넥타르와 암브로시아는 신들만의 특권이었다. 그 천상의 영양소를 신들의 허락 없이 다른 인간들에게 나누려는 시도는 하늘의 권역을 침범하는 도발로 여겨졌다. 탄탈로스의 이야기가 그 증거다. 그는 은밀히 넥타르와 암브로시아를 훔쳐 사람들에게 나누려 했다. 그러나 그 대가는 참혹했다. 타르타로스라고 불리는 깊은 심연으로 내던져져, 영원한 갈증과 굶주림 속에서 입술이 닿기도 전에 사라지는 물, 손을 뻗으면 멀어지는 과일을 바라보며 살아야 했다. 그렇다면 묻고 싶다. 혹시 예수님도 탄탈로스처럼, 하늘의 영양소를 몰래 훔쳐 우리에게 주신 것일까? 아니다. 결코 아니다. 예수님께서 주시는 생명의 떡과 신령한 음료는 불법적으로 훔쳐 온 음식이 아니다. 그것은 성부 하나님께서 친히 허락하시고, 스스로 기쁨으로 내어주신 합법적이고 자발적인 선물이다. 예수님은 그 음식의 정체와 기원을 숨기지 않으신다.

> 예수께서 그들에게 대답하셨다. 내가 진정으로 진정으로 너희에게 말한다. 하늘에서 너희에게 빵을 내려다 주신 이는 모세가 아니다. 하늘에서 참 빵을 너희에게 주시는 분은 내 아버지시다. (요 6:32)

> 또한 아들을 보고 그를 믿는 사람은 누구든지 영생을 얻게 하시는 것이 내 아버지의 뜻이다. 나는 마지막 날에 그들을 살릴 것이다. (요 6:40)

> 살아 계신 아버지께서 나를 보내셨고, 내가 아버지 때문에 사는 것과 같이, 나를 먹는 사람도 나 때문에 살 것이다. (요 6:57)

이처럼 예수님께서 주시는 생명의 떡과 신령한 음료는 도둑질한 금단의 양식이 아니다. 그것은 성부 하나님께서 친히 허락하신 정당한 선물이다.

셋째, 예수님의 선물은 이 세상의 그 무엇으로도 살 수 없는, 말 그대로 '값을 매길 수 없는' 가치를 지니고 있다. 제우스를 비롯한 올림포스의 신들은 암브로시아와 넥타르를 나누어 줄 때 무엇 하나 손해 보거나 희생하지 않았다. 그들이 흘려보낸 천상의 영양소는 남아도는 여분이었고, 그 분배는 은혜라기보다 시혜에 가까웠다. 시혜란 가진 자가 아무 고통 없이 그저 내려다보며 베푸는 손길이다. 그러나 예수님께서 우리에게 주신 하늘의 영양소는 이와 전혀 다르다. 그것은 잉여가 아니었다. 남는 것을 떼어 주신 것이 아니었다. 오히려 정반대였다. 주님은 당신의 몸에서 떼어내고, 당신의 혈관에서 뽑아내어 우리를 채우셨다. 그 고귀한 생명의 살과 피는 십자가 위에서 찢기고, 쏟아지고, 부서진 사랑의 증거였다. 생각해 보라. 주님께서 우리에게 주신 천상의 양식은 천국 창고 어딘가에 쌓여 있던 여분이 아니다. 그것은 온 우주에 단 하나밖에 없는 당신 자신의 생명이었다. 그렇다. 우리를 영원으로 먹이기 위해, 성자 하나님은 스스로 죽음을 받아들이셨다. 우리의 생명을 살리기 위해 당신의 생명을 내어놓으셨다. 이로 인해, 하늘의 양식은 더 이상 선택받은 소수의 특권이 아니게 되었다. 그것은 가장 낮은 자리까지 내려오신 예수님의 희생에서 비롯된, 모든 성도를 위한 은혜의 선물이다. 값없이 주어진 은혜이지만, 그 무엇보다 비싼 대가를 치르고 얻은 하늘의 보물이다.

오, 이 얼마나 놀라운 계시인가! 이 얼마나 충격적인 선언인가! 예수님은 하늘의 영양소를 아무런 조건 없이, 모든 이에게 나누어 주신다. 선택받은 특권층, 소수의 위인들만을 위한 식탁이 아니다. 죄인에게도, 버림받은 자에게도, 길 잃은 자에게도, 심지어 그분을 수없이 떠났다가 돌아오는 자에게조차 예수님은 말씀하신다. "받아 먹으라", "받아 마시라." 이 얼마나 파격적인 천상의 식탁인가! 그리스-로마 시대의 전통을 뒤엎는, 거꾸로 흐르는 은혜의 강이 바로 십자가에서 터져 나왔다. 예수님의 살과 피는 더 이상 두려운 성역이 아니다. 그것은 초대장이다. 손을 내미는 사랑이다. 영원으로 향하는 문이다.

성찬, 그 위대한 언약의 표현

예수님께서는 우리가 이 놀라운 진리를 잊지 않도록 성찬을 제정하셨다. 성찬은 단순한 상징도, 반복적인 의식도 아니다. 그것은 영원한 생명의 언약을 기념하는 거룩한 의례이며, 하늘의 식탁에 초대받은 이들이 믿음으로 응답하는 신성한 행위다.

> [26] 그들이 먹고 있을 때에, 예수께서 빵을 들어서 축복하신 다음에, 떼어서 제자들에게 주시고 말씀하셨다. "받아서 먹어라. 이것은 내 몸이다." [27] 또 잔을 들어서 감사 기도를 드리신 다음에, 그들에게 주시고 말씀하셨다. "모두 돌려가며 이 잔을 마셔라. [28] 이것은 죄를 사하여 주려고 많은 사람을 위하여 흘리는 나의 피, 곧 언약의 피다."
> (마 26:26-28)

예수님께서 손수 떼어 주신 빵은 찢기신 그분의 몸을, 잔에 담긴 포도주는 흘리신 그분의 피를 상징한다. 이것은 인간을 위하여 찢기신 신의 몸이자, 영원한 생명을 부여하는 신의 피다. 성찬은 곧 하늘에서 내려온 양식과 음료를 나누고, 예수님의 살과 피를 기억하는 은혜의 자리다. 우리는 떡을 떼며 그분의 희생을 되새기고, 잔을 마시며 그분의 언약을 가슴에 새긴다. 그렇게 우리는 성찬을 통해 주님의 죽음을 기리고, 불멸의 생명과 영원의 약속을 미리 맛본다. 그리고 조용히 부활의 날을 기다린다.

반드시 기억하자. 그리스-로마 신들은 인간에게 불멸을 허락하는 것을 극도로 꺼렸다. 넥타르와 암브로시아는 오직 신들만의 것이었고, 그것을 넘보는 인간에게는 가혹한 형벌이 내려졌다. 그러나 예수님은 달랐다. 그분은 하늘의 영양소를 몰래 훔치지 않으셨다. 도리어 기꺼이 내어 주셨다. 그분은 십자가에서 하늘의 축복을 온 세상 위에 풀어놓으셨다. 이제 그분을 믿는 자는 누구든지 영생을 얻는다. 단순한 불멸이 아니라, 늙고 병드는 영원이 아니라, 젊음과 건강으로 충만한 하나님의 생명, 영원한 생명을 약속받는다. 우리는 성찬의 떡과 잔 안에서 예수님의 약속을 기억하며 그 언약의 생명을 고대한다.

> ¹ 너희 모든 목마른 사람들아, 어서 물로 나오너라. 돈이 없는 사람도 오너라. 너희는 와서 사서 먹되, 돈도 내지 말고 값도 지불하지 말고 포도주와 젖을 사거라. ² 어찌하여 너희는 양식을 얻지도 못하면서 돈을 지불하며, 배부르게 하여 주지도 못하는데, 그것 때문에 수고하느냐? 들어라, 내가 하는 말을 들어라. 그리하면 너희가 좋은 것을 먹으며, 기름진 것으로 너희 마음이 즐거울 것이다. ³ 너희는 귀를 기울이고, 나에게 와서 들어라. 그러면 너희 영혼이 살 것이다. 내가 너희와 영원한 언약을 맺겠으니, 이것은 곧 다윗에게 베푼 나의 확실한 은혜다. ⁴ 내가 그를 많은 민족 앞에 증인으로 세웠고, 많은 민족들의 인도자와 명령자로 삼았다. … ⁶ 너희는 만날 수 있을 때에 주님을 찾아라. 너희는 가까이 계실 때에 주님을 불러라. ⁷ 악한 자는 그 길을 버리고, 불의한 자는 그 생각을 버리고, 주님께 돌아오너라. 주님께서 그에게 긍휼을 베푸실 것이다. 우리의 하나님께로 돌아오너라. 주님께서 너그럽게 용서하여 주실 것이다. (사 55:1-7)

이 아름다운 축복의 예언은 마침내 완성되었다. 사람이 되셨고, 사람을 위해 십자가에 달리셨으며, 사람을 위해 죽음을 이기고 부활하신 성자 하나님을 통해서 말이다. 이제 그 누구라도 예수님을 믿기만 하면 영원한 생명을 누릴 수 있게 되었다. 인간은 필멸의 존재였으나, 하늘의 문을 열고 생명을 부어 주신 주님의 은혜 덕분에 그 누구도 배제되지 않고 영원을 누릴 수 있는 축복의 길이 열린 것이다.

> 너희 모든 목마른 자들아,
> 영혼의 샘, 예수님께 나오라.
>
> 너희 모든 배고픈 자들아,
> 하늘의 떡, 예수님께 나오라.
>
> 돈이 없어도,
> 값을 치를 힘이 없어도,
> 염려하지 말고 오라.
>
> 주님께서
> 당신의 살과 피로
> 이미 모든 값을 치르셨으니.

제우스가 숨긴 넥타르도,
올림포스 궁전에 감춰진 암브로시아도,
이제는 더 이상
감추어진 특권이 아니다.

하늘의 식탁은
이제 모든 이들을 향해
활짝 열렸다.

너희 모든 목마른 자들아,
예수님께 나오라.

너희 모든 배고픈 자들아,
예수님께 나오라.

돈이 없어도,
자격이 없어도,
괜찮으니
그저 믿음으로 오기만 하라.

주님께서
당신의 살과 피로

너희를 위해

모든 값을 이미 치르셨으니.

이제, 떡을 떼라.

이제, 잔을 들라.

그리고 영생을 누리라.

영생의 주인이신 그분과 함께.

영원에 잇댄 삶, 성령의 열매를 맺는 삶

고대 그리스-로마 세계에서 '예수님의 살과 피를 먹고 마신다'는 선언은 단순히 영원한 생명을 누린다는 약속을 넘어서 있었다. 그것은 곧, 하늘의 영양소를 받아들인 자의 존재 전체가 변모되는 여정을 의미했다. 그 변화는 상징이나 은유의 차원이 아니었다. 실제적이며 실존적인 전환, 곧 삶의 방향 전체를 바꾸는 전환을 의미했다. 왜 그랬을까? 앞서 살펴본 바처럼, 넥타르와 암브로시아를 섭취한 이는 단지 오래 사는 것에 그치는 것이 아니라 신적인 힘과 속성을 부여받았다. 그 음식은 존재를 바꿨다. 이와 같은 세계에 살던 초기 그리스도인들에게 예수님의 살과 피를 먹는 행위는 그저 영생의 약속이 아니었다. 그것은 그분의 성품을 닮아가는 현재적 변화의 시작이었다. 하늘에서 내려온 양식은 단지 저 너머를 위한 음식이 아니라, 오늘을 새롭게 만드는 영양소였다. 그래서 그들은 믿었다. 성찬의 떡과 잔을 받을 때, 그들은 단지 예수님을 기억하는 것에 그치는 것이 아니라 그분을 닮아가고 있다고. 그분의 살을 씹고 그분의 피를 마실 때마다, 하늘의 성품이 그들의 살과 피가 되어 간다고. 그렇다. 하늘의 음식은 존재의 방향을 바꾸는 음식이었다.

실제로 신약성경은 이 '섭취와 변화'의 관계를 결코 단순한 상징의 언어로 축소하지 않는다. 오히려 그것은 실체적이며 살아 움직이는 변화, 즉 성도의 일상 속에 구체적으로 드러나는 존재의 전환으로 선포된다. 이러한 맥락에서 우리는 바울 사도의 가르침에 주목해야 한다.

> [22] ... 성령의 열매는 사랑과 기쁨과 화평과 인내와 친절과 선함과 신실과 [23] 온유와 절제입니다. 이런 것들을 막을 법이 없습니다. (갈 5:22-23)

이 말씀을, '섭취와 닮아 감'이라는 시선으로 다시 읽어 보자.

예수님의 살과 피를 진정으로 먹고 마신 자는 반드시 그분의 성품을 삶 속에 드러내게 됩니다. "You are what you eat." 우리는 우리가 먹는 것이 됩니다. 만일 우리가 예수님의 암브로시아와 넥타르를 진심으로 받아들였다면, 그 결과는 성령의 열매로 드러날 수밖에 없습니다. 이 열매들은 단순한 윤리적 덕목이 아닙니다. 그것은 예수님께서 지금도 우리 안에 살아 계시다는 생명의 증거입니다. 사랑이, 기쁨이, 화평과 인내와 선함이 우리의 일상 속에서 자연스레 열매를 맺는다면, 그것은 우리가 그분의 살과 피를 정말로 섭취했다는 표식입니다. 성령의 열매는 예수님의 성품이 우리라는 통로를 통해 세상 속으로 흘러나오는 거룩한 흐름입니다. 이 얼마나 놀라운 섭취입니까? 이 얼마나 깊은 닮아 감입니까?

정말로 그렇지 않은가. 제우스가 건넨 암브로시아를 먹은 자가 늙을 수 있을까? 제우스가 따라 준 넥타르를 마신 자가 죽을 수 있을까? 고대인이 이런 질문을 들었다면, 아마도 어이없다는 듯 웃으며 반문했을 것이다.

그게 말이 됩니까? 신들의 양식을 먹고도 죽는다고요?

그렇다면, 이제 같은 논리를 성찬의 자리로 가져와 보자. 만약 누군가가 예수님의 살과 피를 먹고 마셨다고 자부하면서도, 여전히 옛 자아의 방식대로 살아가고 있다면, 그 신앙은 과연 참된 것이라 말할 수 있을까? 만약 누군가가 예수님의 살과 피를 먹고 마셨다고 자부하면서도, 그의 삶에 사랑이 없고, 화평이 없고, 기쁨과 온유, 절제의 열매가 전혀 맺히지 않는다면, 그 사람은 과연 생명의 양식을 받은 자라고 말할 수 있을까? 아니다. 그 사람은 스스로를 속이고 있거나, 혹은 거짓된 가르침에 속고 있을 가능성이 크다. 신약성경은 분명히 말한다. 예수님의 성찬에 참여한 성도는 시간이 흐를수록, 그분의 성품을 닮아가는 존재의 방향 전환을 겪게 된다고. 그리스도의 살과 피를 먹고 마시는 일은 그저 예식을 따라하는 일이 아니라, 존재의 본질을 다시 짜는 사건이며, 삶의 근원을 거룩하게 바꾸는 영적 대전환이라고.

우리는 이 부분을 깊이, 그리고 진중하게 성찰해 보아야 한다. 정말로 우리가 예수님께서 주신 천상의 양식을 먹고 마셨다면, 그 결과는 삶 속에 분명히 드러나야 마땅하다. 바울 사도의 말처럼, 예수님의 살과 피를 먹은 자는 그분의 성품을 닮아가는 삶을 살아간다. 그 변화는 번개처럼 갑작스럽게 일어나기도 하지만, 대부분은 긴 시간에 걸쳐 천천히, 그러나 분명하게 나타난다. 만일 우리가 스스로를 "성도"라고 부르면서도 정작 사랑도 없고, 화평도 없으며, 기쁨이나 인내, 친절과 절제가 없는 삶을 살아가고 있다면, 참으로 그분의 양식을 먹은 자라고 할 수 있을까? 물론 사람마다 변화의 속도는 다르고, 성령께서 역사하시는 방식 또한 다양하다는 것을 안다. 누군가는 갑자기 꽃을 피우지만, 누군가는 오랜 기다림 끝에 열매 하나를 맺는다. 저마다 삶의 조건도, 상처도, 기질도 다 다르기 때문이다. 그러나 그럼에도 불구하고, 만일 우리가 진정으로 하늘의 양식을 먹었다면, 예수님의 성품은 반드시 우리 안에서 자라나야 한다. 비록 더디더라도, 그 생명의 씨앗은 어느 순간 싹을 틔워 빛을 향해 나아가야 한다.

"You are what you eat." 우리는 우리가 먹은 것으로 빚어지기 때문이다. 이 표현은 단순한 말장난이 아니다. 도리어 신앙의 본질을 꿰뚫는 고백이다. 참된 성도라면, 그의 삶에는 반드시 성령의 열매가 맺히기 마련이다. 마치 씨앗이 땅에 떨어진 이상 언젠가는 싹을 틔우고, 줄기를 뻗고, 열매를 맺는 것처럼. 그 여정이 아무리 더디고 느릴지라도, 그 계절이 아무리 늦게 올지라도, 참된 생명의 씨앗은 반드시 열매를 맺는다.

혹자는 이러한 사고방식을 두고 율법주의라고 비판할지도 모른다. 하지만 "밥을 먹으면 배가 부르다", "달리기를 하면 심장이 빨리 뛴다." 이 말들이 율법적인가? 아니다. 그저 너무도 자연스럽고 단순한 원인과 결과, 삶의 이치일 뿐이다. 마찬가지로, "예수님의 살과 피를 먹은 자는 그분의 성품을 닮아간다"는 이 말도 도덕적 강요나 윤리적 규범이 아니다. 그저 영혼의 생리를 설명하는 문장일 뿐이다. 물론 배가 부른 이유가 밥 때문만은 아닐 수도 있다. 심장이 뛴다고 해서 모두가 달리기를 한 것은 아닐 수도 있다. 그러나 예수님의 성품이 삶 속에 드러나고 있다면, 그것은 그 사람이 참으로 예수님의 살과 피를 먹었다는 증거이다. 우리가 무엇을 먹었는지는, 우리의 입이 아니라 우리의 삶이 말해 준다. 우리의 말, 우리의 행동, 우리의 태도, 우리의 선택, 그리고 우리 삶의 열매가 우리가 무엇을 먹었는지를 증언한다. 그래서 이 질문은 반드시 스스로에게 던져야 한다.

나는 누구의 양식을 먹고 있는가?

그리고 이 물음에 대한 가장 진실한 대답은 내 입이 아니라, 내 삶이 하고 있다.

영원, 바로 지금, 여기에서부터

그러므로 예수님께서 자신의 살과 피를 성도의 영생에 잇대어 말씀하신 것은, 단지 먼 훗날 천국에서 누릴 생명에 대한 약속만을 의미하지 않는다. 그분의 말씀은 더 깊은 차원을 향해 열려 있다. 그 안에는 '섭취와 닮아 감'이라는 신비한 영적 모티프가 숨겨져 있다. 이 모티프는 미래의 영광뿐 아니라, 지금 이 순간을 살아가는 성도의 삶에도 깊은 울림을 전한다. 예수님의 살과 피는 상징에 머물지 않는다. 그것은 실체적인 영양소이며, 우리의 존재를 다시 빚어내는 거룩한 생명의 원천이다. 그것을 진정으로 먹고 마신 자는 단지 죽지 않고 사는 존재에 그치지 않는다. 그 사람은 지금 이 자리에서부터 예수님의 성품을 하나하나 닮아가기 시작한다. 예수님의 사랑을 배우고, 예수님의 자비를 실천하며, 예수님의 인내와 평화를 삶 속에 새긴다. 마치 넥타르와 암브로시아를 섭취한 자가 신들의 속성을 입게 되듯, 예수님의 살과 피를 받은 성도는 예수님의 성품을 입어 간다. 이것이 바로 주님께서 몸소 가르치신 생명의 원리이며, 모든 성도가 겪는 변화의 여정이다. 영생은 죽은 후에만 시작되는 것이 아니라, 지금 이 순간 그분을 먹고 마시는 자리에서 이미 시작되고 있다.

나의

입술의 모든 말과

나의

마음의 묵상이

주께

열납되기를

원하네

생명이 되신 주

반석이 되신 주

나의

입술의 모든 말과

나의

마음의 묵상이

주께

열납되기를

원하네

이제 우리는 비로소 이해할 수 있다. 이 짧은 찬양의 가사 속에 담긴 깊이와 무게가 얼마나 놀라운지를. "나의 입술의 모든 말과 나의 마음의 묵상이 주께 열납되기를 원하네." 나의 입술에서 흘러나오는 모든 말, 내 마음속에 고요히 떠오르는 묵상의 흐름이 하나님 앞에 기쁨으로 받아들여지기를 원한다는 고백. 이 얼마나 놀랍고도 아름다운 삶인가. 이런 삶은 도대체 어떤 모습일까? 나는 과연 이런 삶을 살아낼 수 있을까? 주님의 기쁨이 되는 삶, 그분 앞에 향기로운 제물로 올려지는 삶을 정말로 살아낼 수 있을까?

물론 나는 안다. 도무지 내 힘만으로는 그런 삶을 살아갈 수 없다는 사실을. 무엇보다도 나는 내 본모습을 안다. 어디까지가 나의 한계인지, 얼마나 자주 무너지는지 누구보다 잘 알고 있다. 그러나 그럼에도 불구하고, 내 안에 계신 예수님의 살과 피가 나를 그 삶으로 초대하신다. 나의 나약함을 아시는 주님께서 나로 하여금 그 삶을 갈망하게 하시고, 걸어갈 수 있도록 이끌어 주신다. 이것은 나의 결심이나 의지의 산물이 아니다. 이것은 내 안에서 역사하시는 하늘의 능력, 예수님의 살과 피가 일으키는 신비로운 역사다. 나는 그 손길에 붙들려, 비틀거리면서도 한 걸음, 또 한 걸음, 주님을 향해 나아간다. 그 걸음마다 그분의 은혜가 깃들고 그 흔적마다 성령의 열매가 피어난다.

그래서 나는 믿는다. 예수님의 살과 피에 잇대어진 영생의 의미가 단지 머나먼 미래의 약속만이 아니라, 지금 이 순간에도 나를 변화시키는 능력이라는 사실을. 그래서 나는 다시 일어난다. 또다시 걷는다. 물론 삼 일 후에 다시 넘어질 것이다. 작심삼일이라고들 하지 않던가? 그래도 괜찮다. 삼 일마다 다시 결심하면 되니까. 그렇게 모인 수많은 작심삼일들이 결국은 성령의 열매로 이어질 테니까. 그 열매가 한순간에 주렁주렁 맺히지는 않을 것이다. 때로는 가뭄에 콩 나듯, 작고 드물게 맺힐지도 모른다. 그러나 나는 포기하지 않는다. 아무리 작고 미미한 열매일지라도, 나는 그것을 두 손으로 붙들고 걸어갈 것이다. 주님께서는 내 먼지 묻은 두 손에 들려 있는 작은 콩들을 외면하지 않으시리라. 비록 그것들이 초라하고 겨우 한 줌뿐이라 할지라도, 그분은 그것을 귀하게 여기시고 언젠가 기름진 밭에 심어 풍성한 열매로 거두게 하실 것이다.

그렇다. 결국 나를 지탱하는 것은 내 결심이 아니라, 예수님의 살과 피다. 그 생명이 나를 받쳐 주고 있기에, 오늘도 나는 이 길을 걷는다. 넘어져도 다시 일어나고, 흔들려도 다시 앞으로 나아간다. 이 길의 끝에 도달할 즈음, 내 안에는 예수님의 성품이 깊이 뿌리내려 있을 것임을 믿기에, 나는 넘어져도 다시 일어나고, 흔들려도 다시 앞으로 나아간다. 그렇게 나는 오늘도 작심삼일을 반복한다.

제4장 \ 내 빛, 너의 어둠을 몰아낸 참 빛

맹인의 삶에 처음으로 빛이 스며드는 순간을 상상해 보라. 예수님의 말씀에 따라 실로암 못으로 가 눈을 씻은 그는 다시 예수님께 돌아오는 길에서 기이한 현상을 경험한다. 빛이 파도처럼 밀려든다. 어둠은 갈라지고, 찢기고, 흩어지더니 마침내 사라진다. 그의 세상을 뒤덮고 있던 칠흑 같은 장막이 걷히는 순간, 그는 깜짝 놀라며 속으로 중얼거린다. "아… 이게 뭐지? 빛? 혹시 이게, 말로만 듣던 그 빛인가?" 그는 처음으로 빛을 본다. 그것은 단지 눈에 들어오는 감각이 아니었다. 강렬하고 눈부셨으며 동시에 따뜻했다. 빛은 그의 살 속으로, 심장의 깊은 곳까지 스며들었다. 그것은 존재 전체를 깨우는 각성이었다. 잠시 후 희미한 형상들이 그의 눈앞에 서서히 그려지기 시작한다. 성전의 웅장한 실루엣인가? 바람에 흔들리는 나무인가? 거리를 지나가는 나귀인가? 아니다. 그의 시야에 가장 먼저 들어온 것은, 그를 기다리고 계시던 예수님의 얼굴이었다. 빛의 근원. 어둠 속에서 그를 부르셨던 그 목소리의 주인. 지금 그의 눈앞에서 미소 지으며 그를 바라보고 계신다. 그가 받은 축복은 단순한 시력의 회복이 아니었다. 그것은 삶의 전환이었고, 존재의 변혁이었다. 그날 그가 처음 본 예수님의 얼굴은, 이후 그의 인생 전체를 비추는 빛의 등불이 되어 주었다.

제4장 \ 내 빛, 너의 어둠을 몰아낸 참 빛

시력을 잃은 자, 오리온

그리스-로마 전통에는 빛에 얽힌 신비로운 이야기가 많다. 이 이야기들은 단순히 자연현상에 대해 설명하는 것이 아니라, 인간과 신의 만남을 매개하는 신화적 상징을 전달한다. 그중에서도 가장 경이로운 전승 중 하나는 시력을 잃은 맹인이 신이 발하는 신성한 빛을 통해 다시 눈을 뜨고 새로운 세상을 보게 된다는 이야기다. 이 야기의 주인공은 바로 반신반인의 거인, 오리온이다.

오리온은 키오스섬의 공주, 메로페를 사랑했다. 그러나 그녀의 아버지 오이노피온 왕은 오리온을 탐탁지 않게 여겼고, 둘의 관계를 허락하지 않았다. 사랑이 좌절되자 오리온의 열망은 점차 어둠으로 변해갔고, 끝내 자신의 욕망을 억누르지 못한 채 메로페를 욕보이려 한다. 분노한 오이노피온은 가차 없이 오리온의 두 눈을 뽑

아버린 뒤, 그를 섬 바깥 바다로 내던져 버린다.

빛을 잃고, 끝없는 어둠 속을 헤매는 오리온. 그의 세계는 더 이상 형체를 지니지 않았다. 눈앞에 펼쳐졌던 세상은 사라졌고, 모든 감각이 무너져 내린 절망의 심연 속을 정처 없이 방황했다. 그러던 어느 날, 한 예언의 목소리가 그의 귓가에 속삭이듯 들려왔다.

동쪽으로 가라. 태양신 헬리오스의 빛을 받으면, 너의 시력이 회복될 것이다.

도대체 무슨 말인가? 안구가 뽑힌 자가, 신의 빛을 마주한다고 다시 눈이 떠진다고? 한낱 기이한 전언처럼 들렸을지 모른다. 그러나 이 예언에는 고대인들이 신성하게 여겼던 진실이 담겨 있었다. 헬리오스의 빛은 단지 세상을 밝히는 자연광이 아니었다. 그것은 신의 광채, 그중에서도 태양신만이 발산할 수 있는 궁극의 빛이자 생명과 질서를 유지하는 본원적 힘이었다. 고대인들은 그 빛이 혼돈을 정리하고, 생명에 숨결을 불어넣으며, 존재 자체를 회복시키는 능력을 지녔다고 믿었다. 그러므로 헬리오스의 빛을 받는다는 것은 단순한 눈의 회복을 넘어 존재의 재탄생을 의미했다.

희망을 갖고 여행길에 오르다

오리온은 하나의 희망을 움켜쥔 채, 보이지 않는 길 위에 첫걸음을 내디뎠다. 그의 앞은 짙은 어둠이었고, 발걸음마다 불안이 맴돌 았지만, 마음 깊은 곳에 남은 작디작은 불빛 하나가 그를 동쪽으로 이끌었다. 어디로 가야 할지, 얼마나 더 걸어야 할지 알 수 없었지만 그는 멈추지 않았다.

그 길 위에서 오리온은 한 신을 만났다. 불과 쇠를 다루는 대장 장이 신, 헤파이스토스였다. 헤파이스토스는 오리온의 처지를 안쓰 럽게 여겨, 자신의 시동 케달리온을 내어 주었다. 케달리온은 오리 온의 어깨에 올라 그의 눈이 되어 주었고, 오리온은 케달리온의 발 이 되어 앞을 향해 걸었다. 눈먼 오리온이 보았던 유일한 세상은 케 달리온이 발끝으로 알려주는 세상이었다. 그 둘은 그렇게 하나가 되어 태양이 떠오르는 방향으로 묵묵히 걸었다. 어둠은 짙었고 길 은 멀었지만 오리온은 그 길 위에서도 희망을 놓지 않았다.

얼마나 시간이 흘렀을까. 바람은 어느새 그의 어깨 위 옷깃을 적 셨고, 발아래 흙은 동틀 무렵의 싸늘한 기운을 품고 있었다. 그리고 마침내 세상의 끝이라 불리는 경계에 도달한 순간, 수평선 너머로 황금빛 마차가 떠올랐다. 태양신 헬리오스. 그는 천상의 빛을 몰아 이 세상 위로 부상하고 있었고, 그가 뿜어내는 광휘는 오리온의 얼 굴 위로 쏟아져 내렸다. 그 빛은 단순한 아침 햇살이 아니었다. 그것 은 신의 숨결이었고, 생명의 불꽃이었으며, 어둠을 불태우는 재창조 의 광채였다.

바로 그 순간 기적이 일어났다. 헬리오스의 빛이 오리온의 상처 입은 눈 위로 내려앉자 보이지 않던 곳에서 새로운 눈이 피어났다.

그 자리에서 그토록 바라던 시력이 되살아났다. 꺼져 있던 세상이 다시 열리고, 침묵 속에 묻혀 있던 형상들이 다시금 그의 눈에 담기기 시작했다. 드디어 오리온은 다시 볼 수 있게 되었다. 이제 그는 헬리오스의 은총을 머금은 눈으로 다시 세상을 바라본다. 더는 과거의 어둠에 붙잡히지 않은 채, 태양의 빛 아래서 새로운 삶을 향해 나아간다. 어쩌면 그에게 빛이란 단지 시력을 돌려준 선물이 아니라, 존재 전체를 새롭게 세우는 부름이었는지도 모른다. 그렇게 오리온은 다시 걸었다. 새롭게 펼쳐진 세상을 향해.

죄, 속죄, 그리고 회복

고대인에게 이 이야기는 그저 치유의 전설이 아니었다. 그것은 어둠에서 빛으로, 죄에서 회개로, 파멸에서 구원으로 이르는 깊은 여정이었다. 그들의 신앙 속에서 맹인은 단지 육체의 불완전함만을 가진 존재에 그치는 것이 아니라, 죄의 그림자가 깃든 존재이기도 했다. 보지 못한다는 것은 곧 보아야 할 것을 외면한 결과였고, 눈먼 자의 길은 종종 부정과 심판의 은유가 되었다. 반대로, 태양은 지혜의 근원이자, 계시의 빛이며, 정화와 재생의 불꽃이었다. 따라서 오리온이 태양신의 광휘 속에서 다시 눈을 뜨는 장면은 단순한 육신의 회복이 아니라, 속죄의 깊은 어둠을 지나 용서의 빛에 다다르는 순례의 여정이었다. 그 빛은 상처를 감추는 것이 아니라, 오히려 드러내어 치유한다. 신성한 빛은 죄의 어두운 흔적을 지워내며, 인간에게 새로운 시작과 또 다른 탄생의 가능성을 속삭인다. 그러므로 오리온의 회복은 곧, 모든 방황하는 존재에게 전해지는 빛으로의 초대였다.

이 이야기에서 우리가 곱씹어야 할 지점이 있다. 오리온의 눈이 멀게 된 것은 우연한 사고가 아니라, 그가 저지른 죄 때문이었다는 사실이다. 그는 사랑을 소유하려 했고 욕망을 정당화하려 했다. 오이노피온 왕의 딸, 메로페를 욕보이려 했던 그의 행위는 결국 스스로의 눈을 가리운 어둠이 되었다. 그런데 놀랍게도 신탁은 오리온에게 치료의 신 아스클레피오스를 찾으라고 말하지 않았다. 대신 오리온은 태양신 헬리오스를 찾아가야 했다. 왜 하필 태양신이었을까? 그 이유는 분명하다. 오리온에게 필요한 것은 단순한 육체의 치료가 아니었기 때문이다. 그의 눈은 병든 것이 아니라, 죄에 결과로 빼앗긴 것이었다. 그의 회복은 단지 살과 뼈의 재생이 아닌, 마음과 영혼의 정화를 필요로 했다. 죄는 치료되어야 할 질병이 아니라, 먼저 깨닫고 뉘우쳐야 할 현실이었다. 그리고 그에 대한 회복은 오직 태양의 빛, 즉 진리와 정의, 정화와 계시의 빛 아래에서만 가능했다.

이와 같은 이유로 그는 동쪽으로 걸어야만 했다. 그렇게 오리온은 태양이 떠오르는 가장 먼 곳, 신성한 계시의 광채가 솟구치는 헬리오스의 궁전을 향해 길을 나섰다. 이 여정은 단순한 공간의 이동이 아니라 내면의 회개를 향한 순례였고, 어둠 속에 흘러내리는 눈물의 속죄였다. 오리온은 보이지 않는 이정표를 따라 걸었고, 케달리온이 그의 눈이 되어 앞길을 밝혀 주었다. 그리고 마침내 그의 발걸음이 여정의 끝자락에 닿았을 때, 수평선 저 너머에서 찬란히 솟구치는 헬리오스의 황금빛 광휘가 그의 얼굴 위로 쏟아져 내렸다.

놀랍게도 그 빛은 오리온을 거부하지 않았다. 헬리오스의 광채는 마치 오래도록 기다렸다는 듯, 상처 입은 그의 눈 위로 조용히 내려앉았고 그 순간 기적이 일어났다. 눈이 뽑혔던 자리에서, 새로운 눈이 자라났다. 그는 마침내 다시 볼 수 있게 되었다. 이것은 오리온이 자신의 죄값을 치르고 정화되었음을 상징하며, 신의 은총 속에서 다시 태어난 존재로 거듭났음을 선언하는 장면이다. 오리온이 되찾은 눈은 단지 사물을 보는 육체적 시력이 아니었다. 그것은 신의 빛으로 열린 깨달음의 창, 어둠을 지나온 자만이 가질 수 있는 내면의 눈, 곧 진리와 생명을 바라보는 시선이었다.

예수님과 헬리오스, 오리온과 맹인

이제 요한복음 9:1-7로 시선을 돌려보자. 오리온의 신화를 마음 한 켠에 품고 이 구절들을 천천히 읽어 내려가면 놀라운 일이 일어난다. 두 전통이 아주 독특한 방식으로 서로를 스치며 은밀하게 교차하는 지점을 드러내기 때문이다.

[1] 예수께서 가시다가, 날 때부터 눈먼 사람을 보셨다. [2] 제자들이 예수께 물었다. "선생님, 이 사람이 눈먼 사람으로 태어난 것이, 누구의 죄 때문입니까? 이 사람의 죄입니까? 부모의 죄입니까?" [3] 예수께서

대답하셨다. "이 사람이 죄를 지은 것도 아니요, 그의 부모가 죄를 지은 것도 아니다. 하나님께서 하시는 일들을 그에게서 드러내시려는 것이다. ⁴ 우리는 나를 보내신 분의 일을 낮 동안에 해야 한다. 아무도 일할 수 없는 밤이 곧 온다. ⁵ 내가 세상에 있는 동안, 나는 세상의 빛이다." ⁶ 예수께서 이 말씀을 하신 뒤에, 땅에 침을 뱉어서, 그것으로 진흙을 개어 그의 눈에 바르시고, ⁷ 그에게 실로암 못으로 가서 씻으라고 말씀하셨다. 그 눈먼 사람이 가서 씻고, 눈이 밝아져서 돌아갔다. (요 9:1-7)

잠깐만. "눈먼 사람", "이 사람의 죄", "세상의 빛", "눈", "낮", "만들다", "눈이 밝아지다"? 이 모티프들이 어딘가 낯익지 않은가? 그렇다. 이 요소들은 오리온의 신화와 깊은 울림으로 겹쳐진다. 시력을 잃은 "눈먼 사람"은 실명한 오리온을 떠올리게 하고, "이 사람의 죄"에 대한 제자들의 질문은 오리온이 범한 도덕적 죄와 맞닿아 있다. "세상의 빛"이라는 선언은 태양신 헬리오스가 내뿜는 신성한 광휘와 맞물리며, "눈"과 "낮"은 오리온이 회복을 향해 나아간 여정과 상징적으로 공명한다. 어디 이뿐인가? "만들다"라는 말은 단순한 치료를 넘어선 창조적 개입을 떠오르게 하고, "눈이 밝아지다"라는 기적의 순간은 오리온이 태양신의 빛 아래서 새 눈을 얻던 장면과 겹쳐 보인다. 이 모든 상징들이 한자리에 모여, 독특한 신학적 지층을 드러낸다.

오리온 신화를 알고 있던 그리스-로마의 독자들이 이 요한복음의 이야기를 접했다고 가정해 보자. 그들의 머릿속에서 오리온의 전설이 떠오르지 않았을까? 이것이 지나친 추정일까? 나는 그렇게 생각하지 않는다. 고대 세계에서 신화와 종교는 서로를 비추는 거울이었다. 이야기는 또 다른 이야기를 통해 다시 전해졌고, 상징은 또 다른 상징을 통해 다시 빛났다. 오리온의 전통과 요한복음 본문 사이의 유사성은, 고대 청중의 상상력 속에서 우연이 아닌 의미 있는 대조의 장을 열었을 것이다. 그리고 바로 그 대조를 통해, 우리는 오리온의 회복과 예수님의 기적 사이에 흐르는 유사성과 차이를 더욱 선명하게 보게 된다.

신화와 복음 전통의 차이

무엇보다 오리온과 요한복음 속 맹인이 시력을 잃은 이유는 본질적으로 다르다. 오리온은 자신의 죄로 인해 눈을 잃었다. 메로페를 욕보이려 했던 그의 어두운 욕망은, 마침내 오이노피온 왕의 분노를 불러왔고, 결국 두 눈을 빼앗긴 채 바다에 내던져졌다. 그의 실명은 범죄한 존재에 대한 신화적 응징이었고, 죄와 보응이라는 고대의 윤리적 질서를 응축한 상징이었다. 그러나 요한복음 속 맹인은 달랐다. 그는 죄와는 무관하게 눈을 뜨지 못한 채 태어났다. 제자들은 그를 바라보며 물었다. "이 사람이 눈먼 사람으로 태어난 것이, 누구의 죄 때문입니까? 이 사람의 죄입니까? 부모의 죄입니까?"(요 9:2). 그러나 예수님의 대답은 그 질문의 틀 자체를 거부하신다.

> 예수께서 대답하셨다. 이 사람이 죄를 지은 것도 아니요, 그의 부모가 죄를 지은 것도 아니다 …. (요 9:3)

여기에서 우리가 놓치지 말아야 할 부분이 있다. 제자들의 질문은 시대의 통념을 대변하고 있다는 점이다. 당시 다수의 사람들은 고통을 죄의 대가로 이해했고, 불행은 반드시 잘못의 그림자를 드리운다고 여겼다. 따라서, 누군가는 맹인에게 이렇게 말했을지도 모른다. "너는 저주받은 인생이야. 아마 부모가 죄를 지었을 거야." 또 다른 누군가는 이렇게 단정했을지도 모른다. "네가 태어나기도 전에 지은 죄가 너를 맹인으로 만든 거야." 그렇다면 그는 어떤 마음으로 하루하루를 살아갔을까? 스스로 지은 적 없는 죄를 해명하려 애쓰고, 누가 가르쳐 주지도 않은 잘못을 속죄하려 애쓰며, 평생을 자책 속에 갇혀 살았을지도 모른다. 어둠은 그의 눈을 가렸지만, 더 깊은 어둠이 그의 마음을 잠식했을 것이다. 마치 해답 없는 문제 앞에 선 것처럼, 이유도 모른 채 벌을 받은 아이처럼, 어둠 속을 떠돌았을 것이다.

그러나 그의 삶에 변수가 찾아온다. 그것은 다름 아닌 신의 개입 곧, 예수님의 방문이었다. 여기서 우리는 오리온의 전통과 요한복음의 전통 사이에 흐르는 또 하나의 결정적인 차이를 발견하게 된다. 오리온은 스스로 눈을 뜨기 위해 여정을 시작했다. 그는 자신의 목적지를 알고 있었고, 거기까지 걸어갈 수 있는 능력도 지녔다. 물론 케달리온의 안내 없이는 그 길을 걸을 수 없었지만, 기본적으로 그는 반신반인이라는 초인간적 존재였다. 신의 피를 일부 지닌 채 태어난 거인이었고, 바다를 걷고 하늘에 손을 뻗을 수 있을 만큼 거대한 장수였다. 그렇다. 오리온은 영웅이었고, 불가능에 가까운 길도 끝까지 걸어 간 존재였다. 만약 오리온이 평범한 인간이었다면 어땠을까? 그는 결코 원하는 바를 이룰 수 없었을 것이다.

반면에 요한복음 속 맹인은 철저히 평범한 인간이었다. 그는 태양신의 궁전을 향해 나아갈 힘이 없었다. 심지어 어디로 가야 할지조차 알지 못한 채, 그저 한 자리에 앉아 하루하루를 버티며 살아가는 존재였다. 삶이라기보다는 천천히 소멸되어 가는 기다림, 죽음도 아니고 생명도 아닌 끝없는 어둠의 연속이었다. 그런 그의 삶에 그 누구도 예측하지 못한 변수가 찾아온다. 바로 하늘에서 내려온 빛, 예수님의 방문이었다. 헬리오스의 광채가 하늘 저 멀리에서만 빛나는 닿을 수 없는 신성의 빛이라면, 예수님은 스스로 낮아져 이 땅으로 걸어오신 신성의 빛이셨다. 요한복음의 전통은 우리에게 말한다. 마침내 참된 빛이 이 세상에 오셨다고, 모든 사람을 비추기 위해 오셨다고. "내가 세상에 있는 동안, 나는 세상의 빛이다"(요 9:5). 그분이 이 세상에 계시는 동안 세상은 낮이었다. 어둠은 물러나고 광휘가 번져 갔다. 그분의 발걸음이 닿은 곳마다 빛의 꽃이 피었고, 그분의 손길이 스친 곳마다 빛의 샘이 솟아났다. 그리고 그분이 머물다 가신 자리에는 빛의 향기가 남았다. 그분은 빛이셨고, 그 빛은 곧 생명이었다.

내가 너의 빛이 되어 주마

그 찬란한 빛이신 예수님께서 이제 어둠 속을 헤매는 한 사람을 향해 조용히 발걸음을 옮기신다. 그는 날 때부터 눈이 먼 자였다. 단 한 번도 빛을 본 적이 없었다. 세상이 어떤 모습인지, 색채란 무엇인지조차 알지 못한 채 태어난 순간부터 어둠을 삶으로 받아들여야 했다. 어둠이 그의 전부였다. 그러니 어둠 속에서 길을 찾고, 부딪히며, 살아가는 법을 배워야 했다. 그가 지나갈 때마다 사람들은 속삭였다. "너의 죄 때문이야." 또 어떤 이들은 이렇게 말했다. "너의 부모가 죄를 지은 거야." 아무도 지은 적 없는 죄, 아무도 증명할 수 없는 죄가 그의 삶을 짓눌렀다. 그는 죄의 흔적을 찾아내기 위해, 마치 끝나지 않는 형벌 속에서 해답 없는 문제를 풀려 애쓰는 죄수처럼 하루하루를 살아갔다. 그러던 어느 날, 그의 삶을 지배하던 깊고 짙은 어둠 속으로 예수님께서 다가오셨다. 한 줄기 빛처럼, 말없이 그러나 분명히 다가오셨고, 마침내 그의 빛이 되어 주셨다.

맹인의 삶에 처음으로 빛이 스며드는 순간을 상상해 보라. 예수님의 말씀에 따라 실로암 못으로 가서 눈을 씻고, 다시 예수님께로 돌아오는 길에 갑자기 기이한 변화가 찾아온다. 빛이 파도처럼 밀려든다. 어둠이 갈라지고, 찢기고, 흩어지고, 마침내 사라진다. 그의 세계를 뒤덮고 있던 칠흑 같은 장막이 걷히는 찰나, 그는 놀라움에 사로잡혀 자신도 모르게 속삭인다.

아… 이게 뭐지? 빛? 혹시 이게 빛인가? 말로만 듣던 그 빛인가?

마침내 그는 생애 처음으로 빛을 경험한다. 그것은 말로는 도저히 설명할 수 없는 감각이었다. 강렬했고, 눈부셨으며, 따뜻했다. 빛은 단지 눈에 스쳐 지나간 것이 아니었다. 그의 피부로, 그의 숨결로, 그의 심장 깊은 곳으로 파고들며 온몸을 휘감았다. 그것은 단순한 시각의 회복이 아니라 존재 전체를 깨우는 각성이었다.

잠시 후 희미한 형상들이 그의 눈앞에 서서히 모습을 드러내기 시작한다. 무엇일까? 성전의 웅장한 실루엣일까? 바람에 흔들리는 나무의 그림자일까? 거리를 지나가는 나귀의 모습일까? 모두 아니다. 그의 시야에 가장 먼저 들어온 것은, 그를 기다리고 있던 누군가의 얼굴이었다. 어둠 속에서 그를 부르셨던 목소리의 주인, 빛의 근원이자 생명의 샘이신 분께서 그를 바라보며 미소 짓고 계셨다.

그가 받은 축복은 단순히 시력을 되찾는 기적이 아니었다. 그것은 삶의 전환이었고, 존재의 깊은 층위를 뒤흔드는 변혁이었다. 그가 그날 처음 본 예수님의 얼굴은, 그의 남은 생애 전체를 밝히는 등불이 되었을 것이다. 세상의 그 어떤 빛보다 찬란하고 따뜻한 그 얼굴을 바라보며, 그는 처음으로 살아 있음을 느꼈을 것이다.

세상 죄를 몰아내신 예수님

이 이야기에서 우리가 놓치지 말아야 할 중요한 요소가 하나 있다. 바로 예수님께서 맹인의 시력을 회복시키기 전에 먼저 자신을 "세상의 빛"(요 9:5)이라고 선언하셨다는 점이다. 세상의 빛이신 예수님께서 어둠에 삼켜진 한 사람의 눈을 회복시키신다. 이 장면은 어딘가 낯익다. 헬리오스의 신성한 광채가 오리온의 눈을 다시 뜨게 했던 고대의 신화를 떠올리게 한다. 그러나 바로 그 지점에서, 요한복음이 전하는 예수님의 사역의 깊이가 선명히 드러난다. 예수님은 단지 육체의 눈을 뜨게 하는 데 그치신 분이 아니셨다. 그분은 죄로 인해 잃어버린 영혼의 시력까지 회복시키는 분이었다. 빛을 잃어 방황하던 한 사람에게, 단순히 시신경의 작동을 되돌려준 것이 아니라, 삶의 방향과 존재의 의미 전체를 되돌려 주셨다. 다시 말해, 예수님의 빛은 맹인의 눈동자에만 닿지 않았다. 그 빛은 마음의 깊은 골짜기까지 스며들었고, 무너졌던 삶을 다시 일으켜 세우는 영혼의 손길이 되었다.

이쯤에서 우리는 한 가지 중요한 질문과 마주하게 된다. 오리온이 실명한 이유는 분명했다. 그것은 그가 저지른 죄, 곧 사랑이라는 이름 아래 감춰진 폭력의 대가였다. 그의 눈은 죄에 대한 응보로 뽑혔고, 그의 어둠은 스스로 자초한 것이었다. 그러나 요한복음 속 맹인의 실명은 그와 같지 않다. 예수님은 단호히 말씀하신다.

> 예수께서 대답하셨다. 이 사람이 죄를 지은 것도 아니요, 그의 부모가 죄를 지은 것도 아니다 …. (요 9:3)

그렇다면, 그는 왜 눈이 먼 채로 세상에 태어났는가? 무엇이 그의 시야를 그렇게 오래 가리고 있었는가? 오리온 전승과 요한복음의 이야기 사이에 있는 유사성은 맹인의 실명을 어떤 '특정한 죄'와 연결지어 바라보게 만든다. 그 죄는 그가 스스로 저지른 것도 아니고, 그의 부모가 물려준 것도 아니었다. 그럼에도 불구하고 그의 눈을 가리고 삶 전체를 어둠으로 감싼 또 다른 차원의 죄가 있었다. 이를 염두에 두고 요한복음의 서두로 돌아가 보자. 광야에서 외치던 침례 요한의 외침에서 그 죄의 실마리를 찾을 수 있다.

> 다음 날 요한은 예수께서 자기에게 오시는 것을 보고 말하였다. "보시오, 세상 죄를 지고 가는 하나님의 어린 양입니다." (요 1:29)

침례 요한의 외침을 안경 삼아 다시 요한복음 9장을 들여다보면, 전혀 다른 풍경이 눈앞에 펼쳐진다. 맹인의 눈을 가리고 있었던 것은 단지 유전적 질병이나 물리적 손상이 아니었다. 그것은 "세상 죄"였다. 그 죄는 어느 한 개인의 도덕적 실패가 아니라, 아주 오래 전부터 세상을 짓누르던 무형의 어둠이었다. 인간의 눈을 가리고, 영혼을 혼미하게 하며, 진리를 향한 시야를 흐리게 만드는 보이지 않는 덫이었다.

예수님께서 이 세상에 빛으로 오신 이유는 "세상 죄"가 드리운 어둠을 걷어 내고, 그 어둠 속에서 고통받는 모든 아담의 자손들에게 새로운 눈을 열어 주시기 위함이었다. 그래서 나는 요한복음

9:1-7에서 묘사된 이 치유 사건을 단순히 한 사람의 육체적 시력을 회복시킨 기적으로 읽지 않는다. 이 본문은 한 사람의 눈을 회복시킨 사건을 넘어, "세상 죄"로 인해 영적 시력을 상실한 인류 전체를 향한 하나님의 구속 선언이기도 하다. 예수님께서는 이 사건을 통해 이렇게 말씀하신 것이다.

> 나는 세상의 빛이다. 나는 어둠 속에 있는 자들을 찾으러 왔으며, 그들에게 새로운 눈을 주기 위해 이 세상에 왔다. 그 눈은 단지 사물을 보는 눈이 아니라, 나를 알아보고 나를 향해 열리는 눈이다.

여기서 우리는 묻게 된다. 어둠 속에 있는 자들은 누구인가? 예수님의 눈앞에 앉아 있던 맹인만을 말하는 것인가? 아니다. 어둠 속에서 길을 잃고 방황하는 이들은 바로 모든 인류다. 바로 이 글을 쓰는 나 자신이며, 이 글을 읽는 당신이기도 하다.

참 빛, 예수님

예수님을 빛과 연결하는 전통은 신약성경 전반에 깊이 스며 있다. 이 선동은 단순한 비유나 수사적 장치가 아니라, 예수님의 신적 본질과 계시자적 사명을 드러내는 핵심 상징으로 기능한다. 신약성경의 저자들은 예수님을 가리켜 어둠을 밝히는 등불, 혼돈 속 창조의 빛, 생명의 근원이자 진리의 광휘로 선포함으로써, 그분이 단지

'빛을 지닌 자'가 아니라 '빛 그 자체'임을 강조한다. 다음은 그러한 신약 전통을 대표하는 구절들이다.

> [1] 태초에 '말씀'이 계셨다. 그 '말씀'은 하나님과 함께 계셨다. 그 '말씀'은 하나님이셨다. [2] 그는 태초에 하나님과 함께 계셨다. [3] 모든 것이 그로 말미암아 창조되었으니, 그가 없이 창조된 것은 하나도 없다. 창조된 것은 [4] 그에게서 생명을 얻었으니, 그 생명은 사람의 빛이었다. [5] 그 빛이 어둠 속에서 비치니, 어둠이 그 빛을 이기지 못하였다. (요 1:1-5)

> 참 빛이 있었다. 그 빛이 세상에 와서 모든 사람을 비추고 있다. (요 1:9)

> 예수께서 다시 그들에게 말씀하셨다. "나는 세상의 빛이다. 나를 따르는 사람은 어둠 속에 다니지 아니하고, 생명의 빛을 얻을 것이다." (요 8:12)

> 나는 빛으로서 세상에 왔다. 그것은, 나를 믿는 사람은 아무도 어둠 속에 머무르지 않도록 하려는 것이다. (요 12:46)

이처럼 요한복음은 빛의 언어를 통해 예수님의 존재론적 위상과 구속 사역의 본질을 조명한다. 요한복음 1:1-5은 예수님께서 창조 이전부터 존재하셨으며, 모든 생명의 근원이 되는 빛이심을 선포한다. 이 빛은 단순한 물리적 광명이 아니라, 진리와 생명을 담고 있는 신성의 빛이다. 또한 요한복음 1:9이 묘사하는 예수님은 단순히 지혜나 교훈을 전하는 분이 아니라, 모든 사람을 비추는 참된 빛이시다. 그 빛을 통해 우리는 하나님을 깨닫고 생명의 길을 발견하게 된다. 요한복음 8:12은 이 땅에 오셔서 영적 어둠을 몰아내고 생명의 빛을 주시는 분으로 예수님을 소개한다. 그분의 빛을 따르는 자는 더 이상 어둠 속에서 방황하지 않고 하나님께로 가는 길을 발견한다. 요한복음 12:46은 예수님께서 세상에 오신 빛이며, 그분의 빛이 어둠을 소멸시키는 능력을 지니고 있음을 선언한다. 그분을 믿는 자는 더 이상 어둠 속에 머물지 않고, 생명과 진리의 길로 나아가게 된다. 예수님은 단지 어둠을 밝히는 한 줄기 광선이 아니라, 세상 죄를 지고 가는 어린 양으로서 모든 인간 존재를 새롭게 조명하고 재형성하는 창조적 계시의 빛이시다.

그렇다. 많은 학자들이 지적하듯, 예수님을 빛이라 일컫는 전통은 그저 시적 은유에 머물지 않는다. 그것은 그분의 존재 자체를 가리키는 계시의 언어이다. 예수님은 단지 어둠을 밝히는 광원이 아니다. 그분은 무지와 죄의 어둠에 잠겨 있던 인류를 일깨우는 빛, 영혼 깊은 곳을 두드리며 잠에서 흔들어 깨우는 생명의 빛이시다. 그래서 요한복음은 그분을 가리켜 "참 빛", "세상의 빛", "어둠을 몰아내는 빛"이라 부른다. 이 빛은 감추어졌던 신의 뜻을 드러내고, 하늘의 비밀을 속삭이며, 인간 존재의 길을 비춘다. 그렇기에 예수님의 말씀과 행동, 그분이 이 땅에서 살아내신 삶 전체는 단순한 교훈이나 도덕적 본보기를 넘어 계시의 실체가 된다. 예수님은 그저 계시를 "전하시는" 분이 아니라, 계시 그 자체이시다. 그분 안에서 하나님이 누구이신지가 드러난다. 그분을 통해 인간이 누구인지, 어디서 왔고 어디로 가야 하는지가 드러난다. 그 빛이 임할 때, 잠들어 있던 자들은 눈을 뜨고, 침묵하던 영혼은 다시 노래하며, 무너졌던 존재는 새 생명으로 숨을 쉰다. 그리고 마침내 "세상 죄"의 짙은 어둠 속에 갇혀 있던 인류는 그 빛 안에서 자유를 경험하게 된다.

바울, 그 빛을 받다

우리가 잘 아는 바울 사도 역시 그 빛의 수혜자였다. 한때 그는 예수님의 제자들을 핍박하며, 하나님의 마음을 향해 돌을 던지던 자였다. 눈을 가졌지만 보지 못했고, 신을 향한 열심은 있었으나 신 자체를 향한 시선은 닫혀 있었다. 바울은 영혼 깊은 곳까지 어둠에 잠긴 자, 영적 맹인이었다. 그러던 어느 날 그가 걷던 길 위에 찬란한 빛이 내려앉는다. 예수 그리스도의 빛이었다. 하늘에서 쏟아져 내린 그 강렬한 광채는 그의 눈을 가렸고 그와 동시에 그의 영혼을 열었다.

[1] 사울은 여전히 주님의 제자들을 위협하면서, 살기를 띠고 있었다. 그는 대제사장에게 가서, [2] 다마스쿠스에 있는 여러 회당으로 보내는

편지를 써 달라고 하였다. 그는 그 '도'를 믿는 사람은 남자나 여자나 가리지 않고, 닥치는 대로 묶어서, 예루살렘으로 끌고 오려는 것이었다. ³ 사울이 길을 가다가, 다마스쿠스 가까이에 이르렀을 때에, 갑자기 하늘에서 환한 빛이 그를 둘러 비추었다. ⁴ 그는 땅에 엎어졌다. 그리고 그는 "사울아, 사울아, 네가 왜 나를 핍박하느냐?" 하는 음성을 들었다. ⁵ 그래서 그가 "주님, 누구십니까?" 하고 물으니, "나는 네가 핍박하는 예수다. ⁶ 일어나서, 성 안으로 들어가거라. 네가 해야 할 일을 일러 줄 사람이 있을 것이다" 하는 음성이 들려왔다. (행 9:1-6)

⁶ "가다가, 정오 때쯤에 다마스쿠스 가까이에 이르렀는데, 갑자기 하늘로부터 큰 빛이 나를 둘러 비추었습니다. ⁷ 나는 땅바닥에 엎어졌는데 '사울아, 사울아, 네가 어찌하여 나를 핍박하느냐?' 하는 소리가 들려왔습니다. ⁸ 그래서 내가 '주님, 누구십니까?' 하고 물었더니, 그는 나에게 대답하시기를 '나는 네가 핍박하는 나사렛 예수이다' 하셨습니다." (행 22:6-8)

영적 맹인으로 살아가던 바울의 눈 안으로 천상의 빛이 쏟아져 들어왔다. 바울은 그 빛 앞에 꼿꼿이 설 수 없었다. 그는 쓰러졌고, 땅에 엎드러졌으며, 마침내 고개를 숙였다. 그러나 바로 그 자리에서 그는 다시 태어남을 경험한다. 천상의 빛은 그에게 새로운 눈을 빚어 주었고, 그 눈은 지금까지 한 번도 보지 못했던 세상을 보게 했다. 왜곡된 열심, 뒤틀린 믿음, 자기의로 무장된 정의감 … 그 모든 허상을 천상의 빛은 단번에 꿰뚫었다.

그렇다. 예수님의 빛은 단순한 인식의 변화가 아니다. 그 빛은 존재의 전환을 일으킨다. 죄의 권세 아래 갇혀 있던 자를 해방시키고, 어둠 속에 웅크린 자를 일으켜 세운다. 그 빛은 새롭게 창조된 자만이 볼 수 있는 세계를 열어 보이며, 사람을 전혀 다른 존재로 다시 빚는다. 예수님은 단지 계시의 통로가 아니다. 그분은 계시의 본질이고 중심이며 완성이시다. 그분 안에서 우리는 하나님을 보고 진리를 듣고 생명을 누린다. 그리고 마침내 새 하늘과 새 땅의 빛 가운데로 초대받는다.

그대, 누구를 동정하는가?

요한복음 9:1-7에 등장하는 "날 때부터 눈먼 사람"을 다시 떠올려 보자. 우리는 본능처럼 그를 불쌍히 여긴다. 그의 탄생을 애달파하고, 그가 한 번도 빛을 본 적 없는 인생이라는 사실에 안타까움을 느낀다. 그가 걸은 길은 어떤 모습이었을까? 보이지 않는 세상 속에서 손끝으로 길을 더듬고 귓바퀴로 바람의 방향을 느끼며 사는 삶은 어떤 모습이었을까? 그는 그저 하루하루를 견뎌 냈을 것이다. 어둠은 그의 일상이었고, 침묵은 그의 동반자였으며, 사람들의 시선은 늘 연민과 조소 사이 어딘가에 머물렀을 것이다. 그러나 성경은 우리를 향해 조용히 되묻는다.

맹인을 동정하는 그대여, 그대도 별반 다를 게 없음을 아는가? 그대도 날 때부터 앞을 보지 못하는 영적 맹인이라는 사실을 잊었는가? 그대에게도 새로운 눈동자를 창조하는 궁극의 빛이 필요함을 망각했는가?

맹인을 연민의 눈으로 바라보는 그대여, 그대에게도 눈을 밝히는 천상의 빛이 필요함을 아는가? 빛을 보았노라 자부하지만, 정작 진리를 보지 못하고 있지는 않은가? 눈을 떴다 하지만, 여전히 어둠 속에서 길을 잃은 채 헤매고 있는 것은 아닌가?

그런 그대가 과연 요한복음 속 맹인을 동정할 자격이 있는가? 그는 궁극의 빛을 만나 새로운 눈을 받았다. 그 빛을 만나 새로운 삶을 살았다.

그 맹인을 동정하는 그대는 과연 지금 어떤 삶을 살고 있는가?

어쩌면 요한복음 속 맹인은 우리와는 비교할 수 없을 정도로 복된 자였는지도 모른다. 그는 궁극의 빛을 직접 만났다. 세상을 창조하신 그 빛이 그의 인생 가운데 찾아오셨다. 그의 눈을 열고 그의 삶을 새롭게 빚으셨다. 이제 그는 더 이상 어둠 속에 거하지 않는다. 오로지 빛 안에서 살아간다. 무엇보다 그의 시야에 처음으로 들어온 모습이 환히 웃고 계신 예수님의 얼굴이었다면, 정말로 우리가 동정해야 할 이는 그가 아니라 오히려 우리 자신일지 모른다. 우리는 하루하루를 무엇을 보며 살아가고 있는가? 눈을 떴다고 자부하지만, 정말로 진정한 빛을 본 적이 있는가? 요한복음 속 맹인은 진정한 빛을 보았다. 진정한 삶을 얻었다. 그리고 진정한 길을 따르기 시작했다. 그런 그가 정말 부러워지지 않는가?

참 빛을 받은 자, 빛을 발하라

신약의 전통은 예수님을 단지 '빛'으로, 우리를 그 빛을 받은 '수혜자'로만 묘사하는 데 머물지 않는다. 그 전통은 한 걸음 더 나아간다. 빛을 받은 자가 어떻게 살아야 마땅한지, 그 삶의 방향과 자세까지도 분명히 비추어 준다. 예수님의 빛에 눈을 뜬 사람, 그 빛으로 생명을 얻은 사람은 이제 어둠으로부터 등을 돌리고 빛을 향해 걸어가야 한다. 더는 어둠 속에 발을 담그지 말고, 빛의 자녀답게 살아가야 한다. 그 빛은 단지 보는 눈을 열어 주는 것으로 끝나지 않는다. 그 빛은 걷는 길을 밝혀주며, 그 길 위에서 마땅히 걸어야 할 우리의 삶의 변화를 요구한다. 빛을 받았다면 이제 빛처럼 살아가야 한다. 바울 사도의 권면을 들어보자:

> [8] 여러분이 전에는 어둠이었으나, 지금은 주님 안에서 빛입니다. 빛의 자녀답게 사십시오. [9] 빛의 열매는 모든 선과 의와 진실에 있습니다. [10] 주님께서 기뻐하시는 일이 무엇인지를 분별하십시오. [11] 여러분

은 열매 없는 어둠의 일에 끼여들지 말고, 오히려 그것을 폭로하십시오. [12] 그들이 몰래 하는 일들은 말하기조차 부끄러운 것늘입니다. [13] 빛이 폭로하면 모든 것이 드러나게 됩니다. [14] 드러나는 것은 다 빛입니다. 그러므로, "잠자는 사람아, 일어나라. 죽은 사람 가운데서 일어서라. 그리스도께서 너를 환히 비추어 주실 것이다" 하는 말씀이 있습니다. (엡 5:8-14)

바울은 단호히 외친다. 빛으로 초대받은 자는 반드시 빛의 자녀답게 살아야 한다고. 그의 외침은 단순한 권면이 아니다. 그것은 빛의 시민이 누리는 특권이자, 빛의 자녀가 감당해야 할 책임이다. 빛의 자녀라면, 빛의 열매를 맺는 것이 마땅하다. 그 열매는 선함으로, 의로움으로, 그리고 진실함으로 나타난다. 그 삶은 주님께서 기뻐하시는 것이 무엇인지 분별하고, 그 길을 따라 걷는 태도로 드러난다. 어둠과 타협하지 않고 침묵으로 외면하지 않으며 오히려 어둠을 밝히 비추는 용기로 빛난다.

우리는 기억해야 한다. 예수님께서 우리를 "세상 죄"가 드리운 짙은 어둠 속에서 건져 내셨을 때, 우리의 눈을 열어 빛을 보게 하신 그 순간은 단지 인식의 변화, 깨달음의 체험에 머무는 일이 아니었다는 사실을 말이다. 그것은 초대였다. 빛의 자녀로 살아가라는 초대이자, 빛을 증언하는 존재가 되라는 하늘의 부르심이었다. 마치 예수님의 살과 피를 받아들인 자가 그 증거로 성령의 열매를 맺듯이, 예수님의 빛을 받아 새로운 눈을 뜬 자는 그 빛을 삶으로 살아내야 한다. 빛을 본 자는 빛처럼 살아가야 한다. 여기서 나는 조용히 묻는다. 우리는 지금 그 빛의 사람처럼 살고 있는가?

제5장 \ 지하세계에 울려 퍼진 나의 목소리

예수님께서 영으로 감옥에 있는 영들에게 가셨다. 이것은 단지 그분의 빛이 지하세계를 스치듯 비춘 사건이 아니다. 그분은 빛 그 자체이셨고, 그 빛이 어둠의 심연 깊숙이 몸소 내려가신 것이다. 이 장면에서, 우리는 문득 파에톤의 전통을 떠올릴 수 있다. 젊은 파에톤이 아버지의 태양 마차를 몰고 하늘을 가로질러 내려올 때, 그 불빛은 타르타로스의 검은 벽까지 닿았고, 저승의 왕과 왕비는 그 빛에 놀라 몸을 떨었다. 그러나 이번에는 차원이 다르다. 파에톤이 몰던 빛은, 겨우 하늘에서 흘러내린 파편이었다. 하지만 지금, 창세 전부터 존재하신 참 빛, 모든 빛의 근원이신 그분이 심연의 문을 열고, 스스로 그 아래로 내려가고 계신다. 그 순간, 어둠의 세계가 흔들렸다. 저승의 왕과 왕비는 자지러지게 놀랐고, 유폐된 신들과 반신반인들은 그 광휘 앞에 괴성을 질렀을 것이다. 망자들의 혼은 그 찬란함에 압도되어 숨을 멈추었고, 지하의 공기는 갈라지며 요동쳤다. 하늘의 빛이 인간이 되어 이 땅에 오신 것만으로도 우주를 뒤흔드는 사건이었다. 그러나 그것은 시작에 불과했다. 이제 그분은 육신을 벗고, 영으로 지하세계의 문을 여시며, 우주의 가장 낮은 곳, 빛조차 닿지 않던 그 심연을 향해 나아가셨다. 그 발걸음이 닿는 곳마다 어둠은 갈라지고, 고요하던 저편의 질서는 뒤집혔다. 감추인 죄의 무게가 흔들리고, 사망의 권세에 금이 가기 시작했다. 이것은 단순한 방문이 아니다. 이것은 어둠의 영역을 무너뜨리는 우주적 사건이었다.

제5장 \ 지하세계에 울려 퍼진 나의 목소리

태양 마차를 끄는 파에톤

먼 옛날, 하늘 높이 떠오른 태양은 단지 불덩이 같은 천체가 아니었다. 사람들은 그 찬란한 빛 뒤에, 그 빛을 움직이는 신성한 존재가 있다고 믿었다. 그것은 바로 태양을 실은 황금빛 마차를 타고 하늘을 누비는 신, 헬리오스였다. 그는 매일 아침 동쪽 끝에서 하늘로 올라 세상에 낮을 선사하고, 저녁이 되면 바다 너머로 몸을 기울여 세상에 밤을 허락했다.

그렇게 하늘과 바다를 오가며 쉴 틈 없이 움직이던 그에게는 한 아이가 있었다. 태양신 헬리오스와 인간 여인 클리메네 사이에서 태어난 빈신반인의 아들, 파에톤이었다. 하지만 헬리오스는 많은 신들과 마찬가지로 아버지의 자리를 지키지 않았다. 그는 아이가 태어난 뒤 가정을 떠났고, 파에톤은 아버지가 누구인지도 모른 채 성장해야 했다. 남겨진 어머니의 품 안에서, 아버지에 대한 기억도 없이, 그저 빈자리만을 안고 자라야 했다.

그러던 어느 날 어머니 클리메네가 조심스레 아들의 귀에 속삭인다. "네 아버지는 하늘을 누비는 태양신이란다." 그 한마디는 파에톤의 세계를 송두리째 흔들어 놓았다. 그는 믿을 수 없었다. 아니, 믿고 싶었지만 믿을 수 없었다. 그래서 결심했다. 먼 길을 떠나 자신의 출생에 관한 진실을, 자신의 뿌리를 직접 확인하기로. 그렇게 아버지를 찾아 나서는 아들의 여정이 시작되었다. 한 걸음 또 한 걸음, 그 길은 멀고도 험했다. 숱한 강과 계곡, 숲과 산을 지났다. 얼마의 시간이 흘렀을까? 마침내 그는 세상의 동쪽 끝이자 태양이 떠오르는 자리, 곧 황금빛으로 빛나는 태양신의 궁전 앞에 도달했다.

마침내 파에톤은 찬란한 광채 속에서 아버지를 마주하게 된다. 헬리오스는 그를 단박에 알아보았다. 태양 마차을 몰고 하늘을 가로지르는 그였지만, 하늘에서 아들의 성장을 지켜보고 있었던 것이다. 오랜 기다림 끝에 만난 부자는 서로를 바라보았다. 처음이자 마지막일지도 모를 이 만남 앞에서, 파에톤은 주저하지 않고 물었다.

정말 … 정말로 당신이 제 아버지인가요?

헬리오스는 "그렇다"라고 대답했다. 그리고 부자의 상봉을 기념해, 무엇이든 원하는 것을 들어주겠노라 약속했다. 그것도 스튁스강을 걸고! 이 순간 헬리오스의 약속은 결코 깰 수 없는 운명의 사슬에 묶였다. 아무리 강력한 신이라고 해도, 스튁스강의 맹세를 어길 수는 없기 때문이다. 만약 그것을 이길 경우 반드시 혹독한 형벌이 뒤따랐다. 그러나 헬리오스는 아들과 다시 만난 기쁨에, 이 치명적인 맹세를 너무 쉽게 내뱉고 말았다. 그리고 곧 그 말이 얼마나 위험한 것이었는지를 깨닫게 된다. 흥분한 파에톤이 입을 열었다.

그렇다면 … 하루 동안 아버지의 태양 마차를 제가 몰게 해 주세요!

그 순간 태양신의 표정이 굳었다. 그것은 감히 반신반인이 감당할 수 없는 소원이었기 때문이다. 태양 마차는 장난감이 아니었다. 그 누구도 함부로 손댈 수 없는, 하늘의 질서를 운행하는 신성한 수레였다. 태양의 길은 정해져 있었고, 그 길을 따라 마차를 몰 수 있는 이는 오직 헬리오스뿐이었다. 아폴론도, 제우스도 감히 손대지 못하는 마차였다. 그 위에 앉는다는 것은 곧 하늘을 지휘하는 책임을 감당한다는 뜻이었다. 헬리오스는 깊은 한숨을 내쉬며 아들을 바라보았다. 그의 눈빛에는 안타까움과 불안이 동시에 서려 있었다.

아들아, 그건 안 된다. 그 소원만은 … 들어줄 수 없구나. 태양 마차는 그 누구도 다룰 수 없는 천상의 수레다. 그것을 끄는 네 마리의 불말(火馬)은 올륌포스의 신들도 감당하지 못한다. 오직 나만이 그 길을 알고, 그 불길을 다스릴 수 있다. 네가 올라타면 세상에 재앙이 닥칠 것이다. 부디, 다른 소원을 말해다오.

하지만 파에톤은 물러서지 않았다. 그의 가슴에는 아버지의 진심보다, 자기 안에 흐르는 신의 피를 증명하고자 하는 열망이 더 깊게 자리 잡고 있었다. 스튁스강에 맹세한 이상, 헬리오스도 더는 거부할 수 없었다. 그렇게 파에톤은 황금빛 태양 마차에 올라탄다. 아버지의 염려를 뒤로 한 채, 돌이킬 수 없는 여정을 시작한 것이다.

처음에는 그럭저럭 괜찮아 보였다. 마차는 하늘을 가르며 힘차게 나아갔고, 파에톤은 두 손으로 고삐를 움켜쥐며 태양의 길을 무리 없이 달리는 듯했다. 그러나 그것도 잠시, 태양 마차를 끄는 네 마리 불말의 속도와 기세는 상상을 초월했다. 파에톤의 팔은 점점 떨려 왔고, 그 손끝의 힘으로는 더 이상 말들을 통제할 수 없었다. 이내 태양 마차는 통제력을 잃었다. 정해진 궤도를 벗어난 마차는 하늘을 들쑤시듯 오르락내리락, 상승과 하강을 반복하며 불안하게 흔들렸다. 아뿔싸! 너무 높이 치솟은 탓에, 지구는 태양의 따스함을 잃고 냉기로 얼어붙기 시작했다. 너무 낮게 내려가자, 바다가 끓어오르고 숲이 불길에 휩싸였다. 대지는 비명을 질렀고, 생명은 타오르는 열기 속에 숨을 쉬지 못했다. 파에톤은 두려움에 휩싸인 채, 고삐를 움켜쥔 손을 놓칠까 봐 몸을 떨었다. 그러나 이미 늦었다. 마차는 결국 내려가선 안 될 곳까지 추락하고 말았다. 마침내 '쩌억'하고 대지가 갈라졌다. 지표가 더는 태양열을 견디지 못했고, 그 틈 사이로 새어 들어간 빛은 땅속 깊은 곳까지 스며들었다. 그 빛이 도달한 곳은 다름 아닌 타르타로스, 곧 죽은 자들이 잠들어 있는 저승의 가장 깊은 심연이었다. 그곳에서 빛을 마주한 자들, 곧 저승의 왕 하데스와 그의 왕비 페르세포네는 경악했고, 오래도록 어둠 속에 갇혀 있던 영혼들도 광채 앞에 몸을 떨었다.

> 곳곳에서 대지가 갈라지고, 균열된 땅 사이로 들어간 빛이 타르타로스까지 도달했다. 그리고 그곳에 있는 저승의 왕과 그의 왕비를 두렵게 만들었다. (오비디우스, 『변신 이야기』, 제2권)

그렇게 우주의 균형이 깨졌다. 질서는 흔들리고, 혼돈이 고개를 들기 시작했다. 마침내, 올림포스의 주신 제우스가 분노와 두려움으로 번뜩였다. 세상의 붕괴를 더는 보고만 있을 수 없었던 그는 심판의 불덩이인 벼락을 꺼내 들었다. 그리고 그것을 파에톤에게 정통으로 내리꽂았다. 순간, 태양 마차는 산산이 부서졌고, 파에톤은 불타는 궤적을 그리며 하늘에서 추락했다. 그렇게 그의 짧고도 뜨거운 삶은, 한낮의 태양처럼 눈부시게 타오르다, 황혼도 맞이하지 못한 채 어둠 속으로 사라졌다.

타르타로스, 가장 아래에 있는 지하세계

고대 신화 속에서 빛과 어둠은 단순히 낮과 밤, 밝음과 어두움의 대비가 아니었다. 그것은 우주의 질서였고, 신성한 조화를 유지하는 법칙이었다. 이 지점에서 우리는 파에톤의 신화에 등장했던 모티프, 곧 "타르타로스에 빛이 들어가서는 안 된다"는 개념을 떠올릴 수 있다. 그런데 타르타로스에 빛이 침입하는 것을 금기시했던 이유가 무엇일까? 그 답은 그리스-로마 시대 사람들이 품고 있던 우주에 대한 상상력 속에서, 다시 말해 하늘과 땅, 그리고 땅 아래에 펼쳐진 또 하나의 세계관 속에서 찾아야 한다.

고대 그리스인들은 지하에도 하나의 완전한 세계가 존재한다고 믿었다. 그 세계는 두 개의 층으로 나뉘는데, 하나는 하데스이고, 다른 하나는 타르타로스이다. 하데스는 필멸자들의 영혼이 사후에 갇히는 장소였다. 이 어둠의 궁정에는 한때 생을 살았던 망자들의 혼백이 마치 안개처럼 흐릿하게 머물렀다. 반면에 타르타로스는 반역한 신들이나, 극악무도한 죄를 저지른 반신반인들이 유폐되는 장소였다. 이곳은 죄의 무게가 시간과 공간을 꿰뚫고 내려간 심연의 끝자락이기도 했다. 이 두 영역에 들어간 존재는 극히 이례적인 경우가 아니라면 다시는 나올 수 없다고 여겨졌다. 그래서 고대인들은 하데스와 타르타로스를 곧잘 '감옥'에 비유했다.

타르타로스와 하데스에는 위치의 차이도 있었다. 타르타로스는 우주의 가장 아래, 그 누구도 닿을 수 없는 심연에 놓여 있었다. 그곳은 시간보다 먼저 생겨난 감옥, 전쟁에 패해 추락한 신들을 가두어 두는 무저갱의 바닥이었다. 인간이 아직 창조되기 전, 세상이 혼돈과 질서 사이에서 막 태동하던 시기부터 타르타로스는 이미 존재하고 있었다. 그러나 시간이 흘러 인간이 빚어지고, 그들에게 생명이 주어지면서 또 다른 장소가 필요하게 되었다. 죽음을 맞이한 인간의 영혼들이 머물 세계, 곧 신들의 유배지와는 다른 공간이 요구

되었던 것이다. 그리하여 하데스가 타르타로스 위편에 생겨났다. 그 때부터 하데스는 망자의 혼백이 안개처럼 머무는 사후의 정원이 되었다. 이러한 우주론적 구조에 따르면, 신들의 유배지가 인간의 영혼이 머무는 곳보다 더 깊은 곳에 자리한다.

그러나 시간이 흐르면서 하데스와 타르타로스를 나누던 경계선은 점차 희미해지기 시작했다. 이름만 다를 뿐, 그 어둠의 결은 서로 닮아 있었고, 죽은 자들의 한숨과 신들의 침묵은 서로를 닮아 마침내 하나의 목소리로 울리기 시작했다. 그리스-로마 시대에 이르러 사람들은 더 이상 이 두 세계를 엄격히 구분하지 않았다. 하데스와 타르타로스는 그저 지하세계의 심연, 빛이 닿지 않고 기억도 길을 잃는 곳으로 겹쳐졌다. 그렇게 두 장소가 한자리에 모이게 되었다. 패배한 신들과 반역한 영웅들, 그리고 이름 없는 수많은 망자들이 뒤섞여 갇히는 우주의 바닥, 그곳은 이제 하나의 거대한 감옥이 되었다.

중요한 것은 이 감옥은 태양빛과 철저히 단절된 장소라는 점이다. 하데스와 타르타로스, 고대인들의 전통 속에서 두 이름은 어둠의 다른 얼굴이었다. 그곳은 어떤 빛도 허용되지 않는 영역이자, 태양신 헬리오스의 황금 마차조차 감히 들어설 수 없는 금기의 지하세계였다. 빛의 침입은 그곳의 법칙을 깨뜨릴 수 있었고, 우주의 균형을 뒤흔들 수 있었다. 그래서 "타르타로스에 빛이 들어가서는 안 된다"는 말은 단순한 금기 사항이 아니었다. 그것은 우주의 질서와 혼돈 사이에 세워진 장벽이자 신과 인간, 삶과 죽음, 질서와 파멸을 가르는 금단의 경계선이었다.

하지만 파에톤의 무모한 욕망이 그 경계를 깨뜨렸다. 지상에 깊은 균열이 생겼고, 그 틈은 마침내 지하의 타르타로스까지 뻗어 내려갔다. 그리고 마침내 금단의 일이 벌어졌다. 태양의 빛이 그 틈을 타고 스며들었고, 영겁의 어둠은 처음으로 자신을 밝히는 무언가를 마주하게 되었다. 이는 우주의 균형이 무너지고 있다는 신호였다. 하데스의 왕과 왕비가 그 빛을 보고 경악한 것은 어쩌면 너무도 당연한 일이었다.

참 빛, 어둠의 심장부로 내려가시다

신약의 전통은 하늘의 빛이신 예수 그리스도께서 이 땅으로 내려오셨다고 증언한다. 그러나 그분의 하강은 단지 인간이 살아가는 이 지상세계를 최종 목적지로 두지 않았다. 그보다 더 깊고, 더 어두운 심연의 세계, 곧 지하세계까지도 발을 디디셨다. 빛은 본래 높은 곳에 머문다. 태양은 하늘에 떠 있어야 하고, 별들도 밤하늘 위에서만 반짝여야 한다. 하지만 기적과도 같은 일이 벌어졌다. 가장 높고 찬란한 곳에 계시던 지고의 빛이 가장 낮고 어두운 곳으로 자신을 내던지셨다. 생명의 근원이 스스로 죽음을 받아들이셨고, 영원한 빛이 스스로 어둠의 심연으로 뛰어드셨다. 이 놀라운 하강, 빛의 신비로운 낙하는 우리를 위한 구속의 경로였다. 이 놀라운 전통이 베드로전서에 뚜렷이 새겨져 있다.

> 18 그리스도께서도 죄를 사하시려고 단 한 번 죽으셨습니다. 곧 의인이 불의한 사람을 위하여 죽으신 것입니다. 그것은 그가 육으로는 죽임을 당하시고 영으로는 살리심을 받으셔서 여러분을 하나님 앞으로 인도하시려는 것입니다. 19 그는 영으로, 옥에 있는 영들에게도 가셔서 선포하셨습니다. (벧전 3:18-19)

많은 학자들이 언급하듯이, 위에 인용된 구절은 문체적으로, 언어적으로 찬가의 형식을 띠고 있나. 따라서 베드로전서 3:18-19은 초기 예수 공동체가 즐겨 불렀던 찬송시였을 가능성이 있다. 이를 염두에 두고 본문을 본다면, 초대 교회가 위의 찬송시를 즐겨 불렀던 이유를 엿볼 수 있다.

우선 예수님께서 "감옥"에 가셨다는 선언에 주목해 보자. 이 한 마디를 들은 그리스-로마 세계의 청중들은 즉시 두 장소를 떠올렸을 것이다. 하데스와 타르타로스. 앞에서 살펴보았듯이, 타르타로스는 반역한 신들과 반신반인들이 던져지는 감옥이었다. 그리고 하데스는 필멸자들의 영혼이 갇히는 또 다른 감옥이었다. 그러나 시간이 흐르면서 두 세계를 나누던 경계는 조금씩 흐려졌고, 결국 하나의 장소로 통합되었다. 그러므로 고대의 청중들은 베드로전서가 말하는 "감옥"을 우주에서 가장 낮고 깊은 장소, 곧 빛이 스며들 수 없고, 그 어떤 위로도 닿지 않는 우주의 가장 깊고 어두운 감옥으로 이해했을 것이다. 그리고 예수님께서 바로 그 감옥으로 내려가셨다. 우리가 곧 살펴보겠지만, 예수님의 하강—가장 높이 계시던 분께서 가장 낮은 곳까지 친히 내려오신 사건—은 단순한 낙하가 아니라 신성한 역전(逆轉)이었다.

영으로 하강하신 예수님

베드로전서의 본문을 다시 찬찬히 들여다보자. 예수님께서 지하 세계의 감옥으로 내려가신 방식이 문장들 사이로 분명하게 드러난다. 그분은 "영으로" 하강하셨다. 이게 무슨 의미일까? "영으로"라는 표현은 우리의 상상력을 자극하며, 본문을 보다 풍성하게 이해하도록 초대한다. 이 표현의 의미를 찾기 위해 성경 전체가 전하는 하늘의 영적 존재들을 떠올려 보자. 찬란한 광휘 속에서 나타나는 천사들, 거룩함을 입은 주님의 사자들, 불꽃처럼 다가와 인간의 눈을 어지럽게 하는 하늘의 형상들, 이들은 모두 하나같이 찬란한 빛을 뿜어 댄다.

> [1] 안식일이 지나고, 이레의 첫 날 동틀 무렵에, 막달라 마리아와 다른 마리아가 무덤을 보러 갔다. [2] 그런데 갑자기 큰 지진이 일어났다. 주님의 한 천사가 하늘에서 내려와 무덤에 다가와서, 그 돌을 굴려 내고, 그 돌 위에 앉았다. [3] 그 천사의 모습은 번개와 같았고, 그의 옷은 눈과 같이 희었다. (마 28:1-3)

> [8] 그 지역에서 목자들이 밤에 들에서 지내며 그들의 양 떼를 지키고

있었다. ⁹ 그런데 주님의 한 천사가 그들에게 나타나고, 주님의 영광이 그들을 두루 비추니, 그들은 몹시 두려워하였다. (눅 2:8-9)

천사들은 빛을 입은 영적 존재들이다. 그들은 번개처럼 번뜩이는 형상으로 나타나고, 눈처럼 희고 빛나는 옷을 입으며, 하나님의 영광으로 가득 찬 광휘 속에 서 있다. 이처럼 하늘의 존재는 본질적으로 빛을 내뿜는 자들이다. 그렇다면 예수님은 어떠하신가?

¹ 그리고 엿새 뒤에, 예수께서는 베드로와 야고보와 그의 동생 요한을 따로 데리고서 높은 산에 올라가셨다. ² 그런데 그들이 보는 앞에서 그의 모습이 변하였다. 그의 얼굴은 해와 같이 빛나고, 옷은 빛과 같이 희게 되었다. (마 17:1-2)

² 그리고 엿새 뒤에 예수께서 베드로와 야고보와 요한만을 데리고, 따로 높은 산으로 가셨다. 그런데, 그들이 보는 앞에서, 그의 모습이 변하였다. ³ 그 옷은 세상의 어떤 빨래꾼이라도 그렇게 희게 할 수 없을 만큼 새하얗게 빛났다. (막 9:2-3)

²⁸ 이 말씀을 하신 뒤에, 여드레쯤 되어서, 예수께서는 베드로와 요한과 야고보를 데리고, 기도하러 산에 올라가셨다. ²⁹ 예수께서 기도하고 계시는데, 그 얼굴 모습이 변하고, 그 옷이 눈부시게 희어지고 빛이 났다. (눅 9:28-29)

¹² 나는 내게 들려 오는 그 음성을 알아보려고 돌아섰습니다. 돌아서서 보니, 일곱 금 촛대가 있는데, ¹³ 그 촛대 한가운데 '인자와 같은 분'이 계셨습니다. 그는 발에 끌리는 긴 옷을 입고, 가슴에는 금띠를 띠고 계셨습니다. ¹⁴ 머리와 머리털은 흰 양털과 같이, 또 눈과 같이 희고, 눈은 불꽃과 같고, ¹⁵ 발은 풀무불에 달구어 낸 놋쇠와 같고, 음성은 큰 물소리와 같았습니다. ¹⁶ 또 오른손에는 일곱 별을 쥐고, 입에서는 날카로운 양날 칼이 나오고, 얼굴은 해가 강렬하게 비치는 것과 같았습니다. (계 1:12-16)

그 도성에는, 해나 달이 빛을 비출 필요가 없습니다. 그것은, 하나님의 영광이 그 도성을 밝혀 주며, 어린 양이 그 도성의 등불이시기 때문입니다. (계 21:23)

공관복음서 속에 묘사된 예수님의 변모 사건은 참으로 놀라운 장면이다. 고난을 향해 걸어가시던 예수님께서 잠시 그 육신의 장막을 걷고, 신성의 빛을 찬란하게 드러내셨기 때문이다. 빛이 그분의 옷을 감쌌고, 그분의 얼굴이 해처럼 빛났으며, 그 자리에 있던 제자들은 광휘 앞에 압도되어 말문을 잃었다. 요한계시록에 이르면, 그 빛은 더 이상 순간적인 발현이 아니다. 부활하신 주님은 이제 영원한 광휘로 존재하신다. 그 눈은 불꽃 같고, 그 얼굴은 강렬한 햇살처럼 빛난다. 죽음을 이기신 그분은 빛 그 자체가 되어 우리 앞에 서신다.

이 두 전통을 마주 놓고 바라보면 놀라운 진실 하나를 마주하게 된다. 바로 고난과 죽음을 겪기 전의 몸이든, 부활 이후의 영화로운 몸이든, 예수님의 육신 그 자체가 신성의 빛을 담고 있었다는 사실이다. 그렇다면 육신을 벗고 영으로 존재하시는 예수님은 어떠하실까? 굳이 말할 필요도 없을 것이다. 예수님은 더욱 눈부시게, 더욱 찬란하게 천상의 빛을 발하실 것이다. 이러한 사유는 단지 근거 없는 상상의 결과가 아니다. 구약의 전통, 제2성전기 유대교의 전통, 그리고 그리스-로마 시대의 전통에 의해 충분히 뒷받침된다. 태초부터 계셨던 로고스, 예수님은 단순히 빛을 비추는 분이 아니라, 모든 빛의 근원이시며 창조 이전부터 존재하시던 궁극의 발광체이다. 그분에게서 모든 광휘가 흘러나오고, 그분 안에 진정한 빛이 존재한다.

이러한 상상력을 가슴에 품고, 다시 한번 베드로전서 3:18-19로 돌아가 보자. "예수님께서 영으로 감옥에 있는 영들에게 가셨다." 나는 이 말씀을 이렇게 상상하며 읽고 싶다. "예수님의 영이 천상의 빛을 발하며 지하세계에 갇혀 있는 영들에게 하강하셨다." 여기서 우리는 자연스레 파에톤의 이야기를 떠올리게 된다. 그가 아버지 헬리오스의 태양 마차를 몰고 하늘을 가로지르다 결국 통제력을 잃었던 그날, 순간적으로 지하세계의 심연까지 빛이 스며들었다. 그리고 타르타로스에 비친 찰나의 빛 앞에서 저승의 왕과 왕비는 숨을 삼키며 떨었다. 하지만 베드로전서에 보존된 신적 하강 사건은 차원이 다르다. 단지 태양빛이 지하를 비춘 것이 아니다. 태양을 지으신 분, 태양에게 빛을 입히신 분, 태양보다 더 찬란한 궁극의 발광체께서 직접 심연에 발을 디디신 것이다. 그리고 바로 그 순간 어둠의 세계는 흔들렸다. 저승의 왕과 왕비는 자지러지게 놀라고, 그곳에 갇혀 있던 신들과 반신반인들은 그 빛을 견디지 못해 몸부림치며 괴성을 질렀을 것이며, 망자의 혼들은 그 광휘 앞에서 눈을 감을 수도 고개를 돌릴 수도 없이 그저 압도당했을 것이다.

하늘의 빛이 인간이 되어 이 땅에 오신 것만으로도 이미 세상을 뒤흔드는 사건이었다. 그러나 그것은 시작에 불과했다. 이제 그분은 육신을 벗은 채, 그리고 영광의 빛을 온전히 머금은 채, 지하세계의 굳게 닫힌 문을 열고 우주의 가장 낮은 곳까지 내려가셨다. 그분이 지나가신 자리마다 어둠이 사라지고, 지층이 흔들리며, 우주의 질서가 거꾸로 뒤집혔다. 이것은 단순한 방문이 아니었다. 이것은 어둠의 영역을 무너뜨리는 신성한 우주적 전복이었다.

> 성소와 지성소 사이를 가로막던 휘장을
> 위에서 아래로 찢으신 분.
>
> 이제 그분은
> 이승과 저승 사이를 가로막던 장벽을
> 위로부터 아래까지 찢으시며
> 심연 속으로 하강하신 것이다.

궁극의 빛, 심연 가운데에서 선포하시다

베드로전서는 여기서 멈추지 않는다. 우리를 더욱 놀라게 하는 진술이 뒤따른다. 예수님의 영은 지하세계로 하강하셨을 뿐만 아니라 그곳에서 "선포하셨다"(벧전 3:19). 과연 예수님은 무엇을 선포하신 것일까? 신학자들은 이 질문 앞에서 조심스럽고도 다양한 해석을 내놓는다. 죄의 용서였을까? 최종 심판에 대한 선언이었을까? 혹은 새로운 시대의 도래를 알리는 승전 포고였을까? 하지만 놀랍게도, 본문은 이 중요한 질문에 대해 아무런 설명도 덧붙이지 않는다. 그 어떤 목적어도, 보어도, 부연도 없이 단 하나의 동사만을 남겨 둔 채 말을 멈춘다. Ἐκήρυξεν, "선포하셨다."

이 침묵은 의도된 것일 가능성이 높다. 왜냐하면 어떤 내용을 선포했는지가 중요한 것이 아니라, 선포했다는 행위 자체가 중요했기 때문이다. 지하세계는 패배한 신들이 갇힌 곳이자 신의 질서를 거스른 반신반인들이 유폐된 감옥이었다. 망자들의 흐릿한 혼백이 끝도 없이 부유하는 어둠의 바다이기도 했다. 이들 중 그 누구도 감옥에서 감히 "선포"할 수 없었다. 그들은 침묵해야만 했다. 그들은 듣는 자들이었고, 판결을 받는 자들이었다. 전쟁에서 패배한 신들이 무슨 자격으로 선포를 한단 말인가? 신의 법을 어긴 반신반인들이 무슨 권위로 선포를 한단 말인가? 존재를 잃어버린 망자의 혼들이 어떻게 감히 선포를 할 수 있단 말인가? 그들에게는 결코 선포의 행위가 허락되지 않았다. 지하세계에서 선포할 수 있는 자격을 지닌 존재는 오직 하나, 그곳을 다스리는 왕뿐이었다. 그렇다. 죽음과 어둠의 땅에서 선포할 수 있는 유일한 이는 그곳을 다스리는 하데스뿐이었다.

그런데 이게 웬일인가? 한 빛이 어둠을 뚫고 심연을 가르며 위로부터 지하세계로 하강하고 있다. 하계의 중심부에 도달한 그 빛은 칠흑같이 어두운 그곳에서 궁극의 광휘를 눈부시게 뿜어대며 "선포했다." 그 빛의 선포는 단순한 외침이 아니었다. 그것은 권위의 고함이요, 능력의 선언이었다. 아, 이럴 수가! 그 선포된 목소리는 하데스의 음성이 아니었다. 태초에 "빛이 있으라" 말씀하셨던 바로 그 음성, 성자 하나님이자 로고스이신 분의 음성이었다.

> 그는(= 예수님은) 영으로, 옥에 있는 영들에게도 가셔서 선포하셨습니다. (벧전 3:19)

이것은 무엇을 의미하는가? 오직 저승의 왕만이 할 수 있었던 일을 예수님이 행하셨다는 뜻이다. 어떻게 이런 일이 가능했는가? 예수님은 단지 또 하나의 신이 아니고, 저승의 왕을 능가하는 이, 만왕의 왕이요, 만주의 주이시기 때문이다. 그렇다. 그분께서 지하세계로 내려가신 그 순간, 그 땅은 더 이상 어둠의 지배하에 놓인 곳이 아니었다. 궁극의 빛이 그 영역을 침노하는 순간, 그곳은 어둠이 머무는 장소가 아니라, 빛이 통치하는 땅이 되었다. 어둠은 결코 빛을 이길 수 없다. 빛이 어둠에 닿는 그 순간 저승의 왕은 자신의 권좌를 잃는다. 그날 지하세계는 왕을 바꾸었다. 영겁의 침묵과 절망이 지배하던 감옥에 진정한 왕의 발걸음이 닿았고, 그 왕의 음성이 울려 퍼졌다. 그분은 선포하셨다. 위풍당당하게, 단호하게, 영광스럽게. 그러자 저승의 왕은 침묵했다. 처음으로 하데스는 완전한 침묵 속에 갇혔다. 그는 말할 수 없었다. 단지 들어야만 했다. 왜냐하면 만왕의 왕이 선포하실 때 감히 그 누구도 입을 열 수 없기 때문이다.

나는 예수님께서 지하세계에서 행하신 선포를 그저 하나의 선언으로만 받아들이지 않는다. 그것은 복선이기도 했다. 그것은 아직 완전히 드러나지 않은 미래의 빛, 그러나 분명히 도래할 영원한 나라에 대한 예고이기도 했다. 다시 말해 예수님의 선포는 곧 어둠에 대한 선전포고였다. 빛이 오면 어둠은 물러나야 한다. 빛과 어둠은 결코 공존할 수 없다. 빛은 언제나 하나의 선택지만을 남긴다. 바로 어둠의 퇴각. 나는 베드로가 "선포하셨다"(ἐκήρυξεν)라는 단 하나의 동사만을 남긴 이유를 바로 여기에서 찾는다. 예수님께서 지하세계에서 선포하셨다는 말씀은 그분의 하강이 다른 종류의 하강과는 본질적으로 다르다는 사실을 여실히 드러내는 것이다. 예수님의 하강은 패배한 신의 추락이 아니다. 죄로 유폐된 반신반인의 몰락도 아니다. 죽음 앞에 고개 숙인 망자의 침묵도 아니다. 예수님의 하강은 역전이었고 심판이었다. 예수님의 하강은 승리자의 행보였다. 그분은 세상을 창조하셨던 그 음성으로, 이번에는 어둠의 세계 한가운데에서 "선포하셨다." 만왕의 왕께서, 그 누구도 감히 내려가지 못했던 지하의 심연에 궁극의 빛으로 내려가 광휘를 머금은 목소리로 선포하셨다. 그분의 목소리가 지하세계를 쩌렁쩌렁 울린 그 순간, 어둠의 왕국은 흔들렸다. 빛의 목소리는 빛의 메아리가 되어 지하세계의 구석구석까지 스며들었다. 영겁의 정적은 금이 가기 시작했고, 심연은 더 이상 숨을 수 없었다. 바로 그 순간이야말로 어둠의 최후를 예고하는 서막이었다.

새로운 왕, 예수 그리스도

요한계시록 1장은 말한다. 지하세계의 통치권이 이제 완전히 예수님의 손에 넘어갔다고. 그분은 한때 지하의 심연으로 내려가셨고, 다시 지상으로 올라오셨으며, 마침내 하늘로 승천하셨다. 그리고 이제 찬란한 빛의 군주로서 세상의 모든 영역을 다스리고 계신다.

> [10] 주님의 날에 내가 성령에 사로잡혀 내 뒤에서 나팔 소리처럼 울리는 큰 음성을 들었습니다. [11] 그 음성은 이렇게 말하였습니다. "네가 보는 것을 책에 기록하여, 일곱 교회, 곧 에베소와 서머나와 버가모와 두아디라와 사데와 빌라델비아와 라오디게아의 교회로 보내라." [12] 그래서 나는 내게 들려 오는 그 음성을 알아보려고 돌아섰습니다. 돌아서서 보니, 일곱 금 촛대가 있는데, [13] 그 촛대 한가운데 '인자와 같은 분'이 계셨습니다. 그는 발에 끌리는 긴 옷을 입고, 가슴에는 금띠를 띠고 계셨습니다. [14] 머리와 머리털은 흰 양털과 같이, 또 눈과 같이 희고, 눈은 불꽃과 같고, [15] 발은 풀무불에 달구어 낸 놋쇠와 같

고, 음성은 큰 물소리와 같았습니다. ¹⁶ 또 오른손에는 일곱 별을 쥐고, 입에서는 날카로운 양날 칼이 나오고, 얼굴은 해가 강렬하게 비치는 것과 같았습니다. ¹⁷ 그를 뵐 때에, 내가 그의 발 앞에 엎어져서 죽은 사람과 같이 되니, 그가 내게 오른손을 얹고 말씀하셨습니다. "두려워하지 말아라. 나는 처음이며 마지막이요, ¹⁸ 살아 있는 자다. 나는 한 번은 죽었으나, 보아라, 영원무궁 하도록 살아 있어서, 타나토스와 하데스의 열쇠들(τὰς κλεῖς τοῦ θανάτου καὶ τοῦ ᾅδου, 개역개정에는 "사망과 음부의 열쇠")을 가지고 있다." (계 1:10-18)

예수님은 빛으로 옷을 입고 계시며, 오른손에는 일곱 별을 쥐고 계신다. 그 눈은 불꽃과 같고, 그 얼굴은 정오의 태양처럼 눈부시다. 이 압도적인 형상의 주님은 이제 "타나토스와 하데스의 열쇠들"(τὰς κλεῖς τοῦ θανάτου καὶ τοῦ ᾅδου)을 움켜쥐고 계신다. 타나토스는 죽음의 신과 죽음의 영역을 의미한다. 하데스는 지하세계의 신과 하계의 영역을 의미한다. 이 영역은 한때, 지하세계의 신 하데스가 다스렸던 곳이다. 그런데 놀라운 반전이 일어났다. 이제는 예수님께서 광휘로 무장한 군주로서 그 세계를 통치하신다는 것이다. 마침내 주인이 바뀐 것이다!

빛의 군주, 어둠의 문을 닫고 빛의 문을 여시다

빛의 군주께서 지하세계에 몸소 내려가 선포하셨다는 그 놀라운 선언, 그리고 그분의 손에 타나토스와 하데스의 열쇠가 쥐어져 있다는 진리는 우리에게 그저그런 소식에 그치지 않는다. 그것은 복음 곧 기쁜 소식이다. 우리는 한때 어둠의 권세 아래에 놓여 있던 존재들이었다. 우리의 삶 전체에 어둠이 배어 있었고, 우리의 마지막 여정은 암흑의 심연, 곧 죽음과 멸망이 기다리는 곳이었다.

하지만 운명이 바뀌었다. 예수님께서 우리를 찾아오셨기 때문이다. 지하세계에서 선포하셨던 분, 곧 타나토스와 하데스의 열쇠들을 쥐고 계신 빛의 군주께서 어둠 속에 갇힌 우리를 찾아오셨다. 이것은 우연도, 자연의 흐름도 아니었다. 어둠의 권세에서 우리를 해방시키기 위한 신의 직접적이고도 자발적인 개입이었다. 바울 사도는 이 신비로운 전환을 이렇게 증언한다.

> 아버지께서 우리를 암흑의 권세에서 건져내셔서, 자기의 사랑하는 아들의 나라로 옮기셨습니다. (골 1:13)

여기서 말하는 "암흑의 권세"는 우리를 사로잡고 있던 죽음과 지하세계의 세력, 곧 타나토스와 하데스의 어두운 손아귀를 가리킨다. 그렇다면, 우리를 옮기신 "사랑하는 아들의 나라"는 어떤 곳인가? 그곳은 빛의 군주께서 다스리시는 광휘의 나라, 더 이상 어둠이 지배하지 못하는 나라, 죽음이 끝이 아니며 죄와 정죄가 더 이상 우리 위에 머무를 수 없는 해방의 나라다. 그 나라에서 우리는 새로운 존재로 살아간다. 빛 안에서 다시 태어나, 그 빛 안에서 다시 걸어간다. 빛이 우리를 비추고, 그 빛이 우리 안에서 살아 숨 쉰다.

빛의 나라

이와 같은 이유로, 신약의 전통은 우리에게 도래할 마지막 풍경을 찬란한 빛으로 그려낸다. 새 하늘과 새 땅. 그곳은 더 이상 눈물도, 고통도, 죽음도 없는 곳이며, 무엇보다 어둠이 더 이상 존재하지 않는 세계다. 그 나라는 또한 빛으로 충만한 영광의 왕국이다.

> [23] 그 도성에는 해나 달이 빛을 비출 필요가 없습니다. 그것은, 하나님의 영광이 그 도성을 밝혀 주며, 어린 양이 그 도성의 등불이시기 때문입니다. [24] 민족들이 그 빛 가운데로 다닐 것이요, 땅의 왕들이 그들의 영광을 그 도성으로 들여올 것입니다. [25] 그 도성에는 밤이 없으므로, 온종일 대문을 닫지 않을 것입니다. (계 21:23-25)

> 다시는 밤이 없고, 등불이나 햇빛이 필요 없습니다. 그것은 주 하나님께서 그들을 비추시기 때문입니다. 그들은 영원무궁하도록 다스릴 것입니다. (계 22:5)

들었는가? 그곳에는 해도 달도 등불도 필요 없다. 하나님의 영광이 그 자체로 빛이 되기 때문이다. 그 빛은 단순한 밝음이 아니다. 그저 어둠을 몰아내는 기능적인 광채가 아니다. 그 빛은 하나님께서 친히 임재하신다는 증표요, 완전한 세계를 보장하는 약속이며, 모든 혼돈과 파괴 위에 다시 세워진 새로운 질서의 선포이다. 그곳에는 밤이 없고, 하나님과 어린 양의 영광이 영원히 비춘다. 그곳에서 의인들은 마침내 해처럼 빛나게 된다(마 13:43). 그렇다. 빛의 군주께서 통치하시는 나라, 영원한 광휘가 흐르는 세계, 그곳이 우리가 향하는 마지막 목적지다. 바로 이러한 약속 때문에, 우리는 이 어두운 세상에서 용기를 잃지 않고 살아갈 수 있는 것이다.

어둠이 승리하는 것처럼 보일 때에도

하지만 이 세상을 살다보면 어둠이 빛을 이기는 것처럼 느껴질 때가 있다. 거짓이 진실을 덮고, 불의가 정의를 짓밟고, 절망이 희망을 가로막을 때가 있다. 사랑보다 미움이, 생명보다 죽음이, 믿음보다 두려움이 더 강력해 보이는 날들이 있다. 그런 현실 앞에서 우리는 묻는다. 정말로 빛이 이길까? 정말로 하나님께서 이 세상을 다스리고 계실까? 정말로 새 하늘과 새 땅이 올까? 성경은 이 물음 앞에 단호하게 대답한다. "그렇다."

우리는 이미 결말을 알고 있는 사람들이다. 지금 당장은 어둠이 우세한 듯 보일지라도 빛은 결코 지지 않는다. 어둠이 깊어질수록, 그 속을 뚫고 나오는 빛은 더욱 눈부시게 빛난다. 그리고 마침내 빛의 나라가 완전히 도래하는 날 어둠은 흔적도 없이 사라질 것이다. 그러므로 우리는 그날을 소망하며 오늘을 살아가야 한다. 빛의 승리를 믿고 어둠 속에서도 빛을 선택해야 한다. 세상이 점점 더 어두워질수록 더욱 빛으로 살아야 한다. 미움이 넘치는 곳에서 사랑을, 절망이 짙게 드리운 곳에서 희망을, 두려움이 몰려오는 곳에서 믿음을 선택해야 한다. 빛의 나라는 먼 미래에만 있는 것이 아니다. 그 나라는 이미 우리 안에서 시작되었다. 매일 빛을 선택하는 그 순간마다 그 나라는 조금씩, 그러나 분명히 이 땅에 드러나고 있다.

저 멀리 찬란한 빛이 서리니,
어둠은 물러가고 새벽이 오네.

눈부신 영광이 강처럼 흐르고,
하늘 문 활짝 열려 나를 부르네.

거기엔 태양도, 달도 없으니,
주님의 얼굴이 빛이 되시네.

황금빛 거리는 그림자도 없고,
광휘의 노래가 바람에 춤추네.

어린 양 등불 되어 길을 비추고,
성도들 해처럼 환히 빛나리.

사랑과 기쁨이 영원히 흐르는 그곳,
그곳은 주님의 빛의 나라라.

그 말이 맞았네.
그 말이 참이었네.

우리가 어둠 속에서
간절히 붙잡았던 그 말.

"어둠은 빛을 이길 수 없다."

  빛의 자녀들이여, 오늘 하루가 유난히 어둡고 그 어둠이 마음 깊은 곳까지 스며들지라도 주저하지 말고 빛을 따라 걸어가자. 당신의 걸음이 어둠을 가르고 그 속에 길을 낼 것이다. 당신이 걸어간 그 자리에 작은 빛이 피어나기 시작할 것이다.

제6장 \ 너의 운명, 내가 뒤엎었다

그리스-로마의 전통에 따르면, 신들조차 인간에게 부여된 운명을 함부로 거스를 수 없었다. 신들은 막강한 능력을 지녔지만, 그 힘이 곧 무한한 자유를 뜻하지는 않았다. 운명의 조율? 미세 조정? 그것은 가능했다. 그러나 운명의 변혁은 불가능했다. 인간의 운명은 태초부터 정해진 질서 아래 놓여 있었고, 그 법칙은 신들조차 함부로 건드릴 수 없는 신성한 규범이었다. 만일 어느 신이 인간의 운명을 바꾸려 한다면, 그는 즉시 다른 신들의 분노와 저항에 직면하게 됐다. 그러나 모든 법칙에는 틈이 있는 법. 가장 강고한 질서조차 때로는 예상치 못한 균열을 드러내기 마련이다. 운명도 예외는 아니었다. 고대의 전통에 따르면, 운명의 여신들은 인간의 삶을 일정한 궤도 위에 배치해 놓았지만, 그 궤도가 반드시 불변하는 것은 아니었다. 그 흐름을 바꿀 수 있는 단 하나의 예외가 있었으니, 바로 대체적 죽음이었다. 만일 어떤 이가 정해진 운명에 따라 죽어야 할 자를 대신해 죽는다면? 운명의 수레바퀴는 그 순간 흔들린다. 질서에 균열이 생기고, 고정된 미래가 다시 쓰이기 시작한다. 바로 이런 우주론적 상상력이 살아 숨 쉬던 시대에 예수님께서 오셨다. 그리고 마침내, 우리의 운명을 뒤집는 대속적 죽음을 맞이하셨다. 그분은 스스로 우리 자리에 서셨고, 우리가 짊어져야 할 저주의 운명을 대신 짊어지셨다. 그 결과, 불가역적이라 여겨졌던 인간의 운명이 변화되었다. 올림포스의 신들은 바꿀 수 없었던 운명이 예수 그리스도에 의해 새로 쓰이게 된 것이다.

제6장 \ 너의 운명, 내가 뒤엎었다

운명, 이미 정해진 인간의 미래

국립국어원 『표준국어대사전』은 운명을 이렇게 정의한다.

> 인간을 포함한 모든 것을 지배하는 초인간적인 힘. 또는 그것에 의하여 이미 정하여져 있는 목숨이나 처지.

이를 달리 표현하자면, 운명이란 '내가 선택하지 않았지만 내게 주어졌고, 내가 싫다고 해도 피할 수 없는 모든 것'이라 할 수 있겠다. 흥미롭게도, 이러한 운명의 개념은 그리스-로마 신화에서 가장 두드러지는 핵심 모티프 중 하나다. 그리고 이 전통 속에서 운명은 압도적이고 절대적인 힘을 발휘한다. 어떤 인간도 자신에게 정해진 운명을 바꿀 수 없다. 아무리 그들이 운명의 사슬을 끊기 위해 몸부림치고, 예언된 결말을 피하려 도망쳐도, 운명의 손아귀는 결코 느슨해지지 않는다. 인간은 운명에 맞서 필사적으로 저항하지만 결국은 정해진 길로 이끌려 간다. 심지어 운명을 벗어났다고 믿는 바로 그 순간조차 운명의 계획 안에 포함된 장치일 뿐이다. 어떤 영웅도, 어떤 전사도, 운명이 던지는 굴레에서 벗어나지 못한다.

그리고 이 법칙은 신들조차 예외로 삼지 않는다. 올림포스의 지배자이자 만신의 왕인 제우스조차 운명의 명령 앞에서는 무력하다. 그는 천둥과 번개를 움켜쥐고 온 세상을 다스리는 절대 권력을 가졌지만, 운명의 섬뜩한 손길이 닿는 순간 그 힘은 무용지물이 된다. 그렇다면 우리는 물을 수밖에 없다. 도대체 운명의 손아귀에서 벗어날 수 있는 자는 누구인가?

운명의 여신, 불변의 법칙을 짜다

올림포스의 최고신 제우스는 질서의 여신 테미스와의 사이에서 세 딸을 낳았다. 그러나 그 딸들은 단순한 신이 아니었으며, 세계의 질서를 짜고 모든 생명의 시작과 끝을 결정짓는 신성한 손길을 지닌 존재들이었다. 그 이름은 클로토, 라케시스, 아트로포스 곧 '모이라이'이며, 인간의 운명을 직조하는 여신들이었다. 로마에서는 이들을 파르카이라 불렀고, 각각을 노나, 데키마, 모르타로 불렀다. 이름은 달랐지만 그들의 역할은 같았다.

클로토는 운명의 실을 뽑아 새로운 생명의 시작을 알린다. 라케

시스는 실을 감으며 삶의 길이와 방향을 정한다. 아트로포스는 정해진 때가 오면 망설임 없이 실을 끊는다. 실을 뽑는다는 것은 생명이 잉태되는 순간이고, 실을 감는다는 것은 인생의 여정을 설계하는 일이며, 실을 자른다는 것은 죽음의 도래, 곧 운명의 완성을 의미한다. 모이라이의 손끝에서 모든 존재의 운명이 실처럼 뽑히고 감기고 끊어진다. 인간의 삶은 그들 앞에서 베틀 위 천 조각처럼 엮이고 펼쳐진다. 모이라이의 행위는 우주의 섭리를 유지하는 절대 법칙이었으며, 이 법칙은 제우스조차 넘볼 수 없는 신성한 질서였다.

올림포스의 신들조차 예외는 아니었다. 오히려 그들은 인간이 운명의 여신들이 정해 놓은 길을 벗어나지 않도록 감시하고 개입해야 했다. 신들이 인간사에 간섭한 것은 단순한 장난이나 기분에 따른 변덕이 아니었다. 그것은 모이라이가 부여한 숙명(宿命)을 철저히 집행하는 거룩한 의무였다. 운명의 실이 뽑히는 순간 생명의 시작은 이미 결정되었고, 운명의 실이 감기는 동안 인간은 그 정해진 길을 따라 걸어간다. 그리고 운명의 실이 잘리는 순간 삶은 종결되고 그 존재는 어둠 속으로 사라진다. 탄생도, 생도, 죽음도, 모두 이 실의 궤도 위에서 움직인다. 그 어떤 존재도 그 선을 벗어날 수 없다. 제우스는 천둥과 번개를 휘두르며 올림포스를 다스리는 신들의 왕이었지만, 그조차도 모이라이의 손끝에서 벗어나지 못했다. 그는 질서를 수호하는 자였지, 운명을 창조하는 자는 아니었다. 운명은 움직이지 않는다. 운명은 흔들리지 않는다. 그것은 태초부터 정해진 질서였고, 우주를 지탱하는 가장 깊은 신념이었다. 그것이 바로 그리스-로마 세계를 지배한 불가역의 법칙이었다.

트로이아 전쟁의 운명을 피해 리코메데스의 궁정에 숨어 있던 아킬레우스를 찾아낸 오뒷세우스, 아가멤논의 거짓말에 속아 전쟁을 포기하려던 그리스 연합군을 다시 전장으로 몰아넣은 아테나, 정해진 때보다 더 일찍 죽을 위기에 처한 아킬레우스를 구하기 위해 강의 신 스카만드로스와 맞서 싸운 헤라와 헤파이스토스, 아버지를 죽일 운명을 피하려 발버둥칠수록 오히려 그 운명에 한 걸음씩 더 가까이 다가가게 되는 오이디푸스, 이 모든 이야기들은 우리에게 너무나도 익숙하다. 그러나 이러한 서사들 외에도, 그리스-로마 신화와 역사에는 수없이 많은 운명의 이야기들이 흐른다. 운명은 피할 수 없는 힘으로 작용하며, 그 흐름을 거스르려는 모든 시도는 결국 운명이 정해 놓은 길로 수렴하고 만다. 그렇다면 이제 이 불가피한 흐름 속에서 반복되어 온 이야기들을 몇 가지 살펴보자.

아폴론, 운명을 거스르려는 자를 가격하다

호메로스의 『일리아스』 제16권에는 태양과 역병의 신 아폴론이 인간사에 직접 개입하는 극적인 장면이 등장한다. 그 계기는 파트로클로스가 트로이아 전쟁의 흐름을 바꾸려 했기 때문이다. 당시 아킬레우스는 분노로 인해 전장에 나서지 않았고, 그리스 연합군은 트로이아군의 맹공에 밀려 고전을 면치 못하고 있었다. 이에 파트로클로스는 아킬레우스의 갑옷을 입고 그로 가장한 채 전장으로 나아갔다. 그의 등장은 전세를 일시에 뒤집었고, 용기를 얻은 그리스군은 마침내 트로이아의 성벽을 넘어서려 했다.

그러나 그것은 모이라이 여신들이 정해 놓은 운명의 궤도를 벗어나는 일이었다. 그날 트로이아는 함락되어서는 안 되었고, 그 예정을 뒤엎으려는 인간의 시도는 운명의 균형을 위협하는 일이었다. 그래서 아폴론이 움직였다. 올림포스의 신이자 운명의 수호자인 그는 질서의 파괴를 막기 위해 직접 개입했다. 파트로클로스는 용맹하게 성문을 향해 돌진했으나, 아폴론은 세 차례에 걸쳐 그를 제지했다. 신의 손길은 눈에 보이지 않았지만, 그 힘은 절대적이었다. 불멸의 손이 그의 방패를 내리쳤다. 한 번, 두 번, 세 번, 파트로클로스는 뒤로 밀려났다. 그럼에도 그는 물러서지 않았다. 운명을 무시한 채, 다시금 신의 권능에 도전하듯 네 번째 돌진을 감행했다. 그 순간 하늘이 갈라지고, 아폴론의 음성이 천지를 뒤흔들며 울려 퍼졌다.

> 물러서라, 파트로클로스! 제우스의 혈통이여. 너의 창에 의해 트로이아가 함락될 운명이 아니다. 그보다 훨씬 위대한 아킬레우스의 창조차도 이 도성을 무너뜨릴 수 없노라! (호메로스, 『일리아스』, 16.707-709)

아폴론의 말은 단순한 외침이 아니었다. 거여할 수 없는 신탁이자 운명의 확언이었다. 파트로클로스는 그 경고를 듣고 잠시 물러섰다. 그러나 전장의 열기와 그의 충정은 다시금 그의 가슴을 불태웠다. 그는 불과 같은 기세로 전장에 다시 뛰어들었다. 하지만 운명은 그가 원하는 방향으로 흘러가지 않았다. 올림포스의 신들은 어떤 수를 써서라도 정해진 궤도에서 벗어나는 자를 막았다. 아폴론 역시 마찬가지였다. 그는 짙은 안개로 자신을 감싼 채 조용히 파트로클로스의 등 뒤로 다가갔다. 그리고 신성이 서린 손바닥으로 그의 어깨와 등을 강하게 내리쳤다. 그 충격에 파트로클로스의 시야는 흔들리고 몸은 중심을 잃었다. 아폴론은 멈추지 않았다. 이번에는 머리 위로 손을 뻗었다. 그러자 그의 머리를 감싸고 있던 빛나는 투구가 힘없이 튕겨 나가, 말들의 발굽 아래로 굴러떨어졌다. 투구는 금세 먼지와 피로 얼룩졌다. 제아무리 용맹한 전사라도, 올림포스의 신 앞에서는 한낱 연약한 인간에 불과했다. 그 순간을 트로이아군은 놓치지 않았다. 에우포르보스가 창을 던졌고, 파트로클로스의 몸을 꿰뚫었다. 그는 치명상을 입고 비틀거렸으며, 그 틈을 타 헥토르가 마지막 일격을 가해 그의 생명을 거두었다. 그리하여 위대한 용사 하나가 전장의 먼지 속에 쓰러졌다. 아무리 찬란한 영웅이라 할지라도, 운명의 물줄기를 거스를 수는 없었다. 신의 뜻을 거역한 자는 언제나 비참한 최후를 맞이했다.

 운명의 수레바퀴는 멈추지 않고 계속 돌았다. 이번에는 아킬레우스가 나섰다. 친구의 죽음을 복수하기 위해 새롭게 무장하고 전장으로 향했다. 파트로클로스의 운명이 헥토르의 손에 죽는 것이었다면, 아킬레우스의 운명은 그 죽음을 반드시 복수하는 것이었다. 그는 모이라이 여신들이 정해 놓은 궤적을 따라, 헥토르의 목숨을 성공적으로 거두었다. 이처럼 운명의 실이 뽑히고 감기고 끊기는 흐름 속에서 그 누구도 그 무엇도 모이라이의 뜻을 거스르거나, 그들이 정해 놓은 운명에서 벗어날 수 없었다.

제우스, 운명을 망각한 자에게 전령을 보내다

그리스-로마 건국 전통의 중심에 서 있는 인물, 아이네이아스 또한 운명의 굴레에서 벗어날 수 없었다. 트로이아 전쟁이 절정에 달했을 때, 그는 그리스 진영의 최강 전사 아킬레우스와 맞서게 된다. 이미 트로이아의 수호자 헥토르를 쓰러뜨린 아킬레우스는 남은 장수들까지 차례로 도륙하고 있었다. 아이네이아스 역시 걸출한 전사였지만, 아킬레우스의 힘과 속도는 그의 기량을 압도했다. 두 영웅은 격돌했고, 아킬레우스는 아이네이아스를 죽음의 벼랑 끝으로 몰아세웠다. 아이네이아스는 방패를 움켜쥔 채 필사적으로 저항했지만, 이내 아킬레우스의 창끝이 그의 목숨을 향해 내리꽂히고 있었다. 그런데 바로 그 순간 뜻밖에도 바다의 신 포세이돈이 개입하여 아이네이아스를 구해낸다.

놀라운 점은 포세이돈이 평소 그리스 진영을 지지하며 트로이아를 무너뜨리는 데 앞장섰던 신이라는 사실이다. 그렇다면 그는 아킬레우스를 도와 아이네이아스가 쓰러지도록 내버려 두었어야 하지 않은가? 그러나 포세이돈은 오히려 아이네이아스를 보호한다. 그 이유는 단 하나, 아이네이아스는 트로이아에서 죽을 운명을 타고나지 않았기 때문이다. 모이라이 여신들이 정한 운명의 궤적에 따르면, 그는 살아남아 이탈리아로 향해야 했고, 그곳에서 제2의 트로이아, 즉 로마의 기초를 세워야 했다. 만일 아이네이아스가 이 전장에서 아킬레우스의 손에 죽는다면, 신들이 설계한 우주의 질서마저 무너질 위기에 처할 것이었다. 이를 잘 알고 있던 포세이돈은 그를 죽음 속에 내버려 둘 수 없었다. 『일리아스』 제20권은 자신의 운명을 인식하지 못한 채 전장의 불꽃 속으로 뛰어드는 아이네이아스를 향한 포세이돈의 탄식을 절절히 묘사한다.

> 아아, 나는 위대한 마음을 지닌 아이네이아스를 위해 슬퍼하는구나. 그는 곧 펠레우스의 아들(= 아킬레우스)의 손에 쓰러져 하데스의 집으로 내려가게 될 것이로구나. … 이 죄 없는 자가 왜 지금 고통을 겪어야 하는가? 그는 언제나 광활한 하늘을 다스리는 신들에게 기쁜 제물을 바쳐 왔는데 말이다. 자, 우리가 그를 죽음의 손아귀에서 구해내야 한다. 만약 아킬레우스가 이 남자를 죽인다면, 크로노스의 아들(= 제우스)마저 분노할지 모르니 말이다. 그에게는 죽음을 피할 운명이 정해져 있다. 그것은 다르다노스의 혈통이 씨가 마른 채 사라지지 않도록 하기 위함이다. 다르다노스는 크로노스의 아들이 인간 여성에게서 얻은 아들들 중에서 가장 사랑했던 자였다. 하지만 이제 크로노스의 아들은 프리아모스의 혈통을 미워하게 되었으며, 이제 강한 아이네이아스가 트로이아인들을 다스릴 것이고, 그의 아들들과 후손들이 앞으로 이곳에서 태어나 다스리게 될 것이다. (호메로스, 『일리아스』, 20.292-308)

결국 포세이돈의 도움으로 아이네이아스는 아킬레우스의 손에서 벗어나 목숨을 건진다. 하지만 그것이 끝은 아니었다. 아이네이아스는 또 한번 자신의 운명을 거스르려 했다. 트로이아가 멸망한 뒤, 그는 모이라이 여신들이 부여한 길을 따라 이탈리아로 향해야 했다. 그러나 그는 카르타고에서 멈췄고, 그곳에 머무르고자 하는 유혹에 빠진다. 여왕 디도와 사랑에 빠진 그는 새로운 삶의 가능성 앞에서 자신에게 부여된 사명을 망각했던 것이다. 이것은 곧 운명의 여신들이 정한 운명에 정면으로 도전하는 행위였다. 그 어떤 인간도, 심지어 신들조차도 운명의 흐름을 함부로 거스를 순 없었다. 트로이아의 피를 이어받은 아이네이아스는 반드시 이탈리아로 향해야 했고, 그 땅에서 로마라는 위대한 문명의 기초를 놓아야 했다. 이것은 신들이 짜 놓은 우주의 설계도에 해당하는 운명이었다. 그래서 올림포스의 신들이 다시금 개입한다. 전장에서는 포세이돈이 아이네이아스를 구해 냈다면, 이번에는 올림포스의 주재자 제우스(= 유피테르)가 나선다. 그는 전령의 신 헤르메스(= 메르쿠리우스)를 파견하여, 아이네이아스에게 분명하게 명령한다.

> 어서 가거라, 내 아들아. 바람을 부르고 네 날개를 타고 미끄러지듯 날아가, 지금 디레인의 카르타고에서 머뭇거리며 운명이 그에게 허락한 도시들을 전혀 생각하지 않는 트로이아 지도자에게 말을 전하거라. 그리고 내 말을 빠른 바람을 타고 그곳에 전해라. … 그는 제국을 품은 이탈리아를 다스릴 자였고, 전쟁을 갈망하며, 테우크로스의

고귀한 혈통을 잇는 민족을 탄생시키고, 전 세계를 법의 지배 아래 두어야 할 자였다. ⋯ 그는 항해해야 한다. 이것이 전부다. 이것이 나의 전언이다. (베르길리우스, 『아이네이스』, 4.223-237).

이 명령은 우주의 질서를 유지하라는 제우스의 경고였고, 인간적 감정에 머물지 말라는 운명의 소환장이었다. 결국 아이네이아스는 자신의 의지를 내려놓고 신의 뜻을 받아들인다. 디도와의 이별이라는 깊은 고통을 감수한 그는 다시 바다를 향해 나아간다. 그리고 바로 그 순간 그는 더 이상 한 사람의 방랑자가 아니게 된다. 그는 신들이 계획한 역사와 질서, 곧 코스모스에 복무하는 자가 된다. 고대 세계의 시선에서 인간은 종종 운명에 저항하려 하지만, 결국 그것을 자발적으로 수용하는 그 순간에야 비로소 자신의 참된 자리를 찾는다. 아이네이아스 역시 복종을 통해 그 자리를 발견했다. 그리고 마침내 이탈리아 땅에 도달하여 새로운 문명의 기틀을 놓는다. 그 문명 위에 천하의 로마가 탄생한다.

운명, 운명, 운명

이처럼 운명은 거센 강물처럼 끊임없이 흐른다. 그 물살이 때로는 잔잔해 보이지만 어느 순간 폭풍처럼 일어나 인간의 의지를 집어삼킨다. 강이 흐르며 바위를 부수고 대지를 깎으며 새로운 지형을 만들어 내듯, 운명 또한 모든 저항을 무력화하며 자신이 정한 궤도를 따라 인간을 이끈다. 인간은 종종 그 흐름을 거슬러 오르려 하지만, 결국 자신의 한계를 깨닫고 운명 앞에 무릎을 꿇는다. 하지만 그 굴복은 패배가 아니다. 그것은 삶의 본질을 자각하는 순간이며, 신들의 뜻과 인간의 위치를 인식하게 되는 전환점이다. 고대인들은 이 진실을 알고 있었다. 신의 의지는 인간의 소망보다 단호하며, 모이라이의 섭리는 그 어떤 존재도 거스를 수 없다는 것을.

아이네이아스의 삶은 이 냉혹하면서도 신성한 진리를 완벽하게 구현한 서사다. 그는 피로 물든 전장을 지나야 했고, 안락과 사랑의 도시 카르타고를 등져야 했으며, 수많은 시련과 유혹 앞에서도 자신의 길을 포기하지 않았다. 어쩌면 그가 진정으로 바랐던 것은 단순한 평온과 인간적 안정이었을지 모른다. 그러나 그의 운명은 그러한 소망으로는 감당할 수 없는 길이었다. 그는 한 나라의 기초를 놓고 역사의 전환점을 여는 자가 되어야 했다. 그 사명은 개인의 바람이나 고통으로는 결코 철회될 수 없는 우주적 명령이었다.

신들도 바꿀 수 없는 운명

신들도 인간에게 부여된 운명을 함부로 거스를 수 없었다. 그들은 거대한 권능을 지녔지만, 그 힘은 무제한의 자유를 보장하지 않았다. 운명의 질서, 곧 세 명의 여신들에 의해 설정된 코스모스의 법칙은 신들의 감정보다 앞섰고, 그 어떤 신도 이를 함부로 뒤엎을 수는 없었다. 만일 누군가 이 질서를 어기려 한다면, 곧 다른 신들의 거센 저항에 직면하고 말았다. 신들의 세계조차 모이라이의 실로 짜인 운명의 직조물 안에 갇혀 있었던 것이다.

이 냉혹한 원리는 트로이아의 마지막 수호자 헥토르의 운명에서도 여실히 드러난다. 『일리아스』 제22권에서, 그는 번개처럼 달려오는 아킬레우스를 피해 성벽을 세 바퀴나 돌며 사투를 벌인다. 가족과 도시를 위해 마지막까지 싸우지만 운명의 수레바퀴는 결코 그를 구할 의사가 없다. 그의 생애는 이미 실처럼 감겼고, 그 실은 이제 곧 끊어질 참이었다.

그 모습을 올림포스 궁전에서 내려다보던 제우스는 마음 깊이 탄식한다. 그는 헥토르를 사랑했고 그의 죽음을 막고 싶었다. 실제로 구원의 방도를 고민하기까지 한다. 하지만 그 순간 지혜의 여신 아테나가 단호한 목소리로 그를 제지한다.

> 운명은 이미 결정되었습니다. 헥토르는 오늘 이 자리에서 죽어야 합니다. 그를 구하려는 순간, 당신은 신들이 정한 질서를 어기게 되는 것입니다. 그것은 곧 우주의 균형을 무너뜨리는 행위입니다.

이에 신들의 왕 제우스조차 아무 말도 하지 못한다. 운명의 질서는 신의 감정보다 우선했다. 결국 제우스는 헥토르를 살리려던 마음을 거두고 조용히 고개를 떨군다. 아테나는 즉시 지상으로 내려가 아킬레우스를 돕고, 헥토르는 마지막 일격을 피하지 못하고 죽음을 맞는다. 그의 피는 트로이아의 대지를 적시며 고대 세계의 질서를 증명했다. 그의 죽음은 단순한 패배가 아니었다. 그것은 신들조차 거스를 수 없는 질서, 우주를 지탱하는 궁극적 진리의 표징이었다.

제우스는 또 한 번 사랑하는 인간의 운명을 바꾸고 싶어 했다. 이번에는 그의 피붙이, 뤼키아의 왕자이자 트로이아 동맹군의 용장, 사르페돈이었다.『일리아스』제16권에서, 사르페돈은 파트로클로스의 창끝을 향해 돌진하고 있었다. 제우스는 올림포스에서 그 광경을 내려다보며 탄식한다. 마음속에서 격렬한 갈등이 일었다. 그는 신들에게 묻는다.

내가 지금 이 자리에서 사르페돈을 구해낸다고 한들, 무엇이 문제가 되겠는가?

잠시 정적이 흐른다. 곧 헤라가 냉정한 목소리로 말을 잇는다. 그녀는 신들의 여왕으로서 감정보다 질서를 앞세웠다.

당신이 사르페돈을 구한다면 다른 신들도 각자의 자식들을 구하고자 나설 것입니다. 그렇게 되면 신들의 세계는 혼란에 빠지고, 인간 세계의 운명은 더 이상 지켜지지 않게 됩니다. 운명은 반드시 성취되어야 하며, 그 흐름을 거스르는 것은 곧 신들이 스스로 세운 질서를 무너뜨리는 일입니다.

제우스는 말없이 하늘을 바라본다. 한 손에는 번개를, 다른 손에는 세계의 질서를 쥔 자. 그는 "모든 것을 할 수 있지만, 모든 것을 해서는 안 되는" 신의 자리에 있었다. 깊은 침묵 끝에 제우스는 결단을 내린다. 사르페돈의 죽음을 허락한 것이다.

그럼에도 제우스는 자신의 아들이 전장의 피와 먼지 속에 방치되는 것을 용납할 수 없었다. 그래서 다른 신들을 보내어 사르페돈의 시신을 조심스레 수습하게 한다. 그리고 향기로운 기름으로 그 몸을 정결히 씻긴 뒤 장례를 치를 수 있도록 고향 뤼키아로 돌려보낸다. 그 장면은 장엄하면서도 처연했다. 최고신의 자리에 선 신조차도, 운명의 법 앞에서는 자비를 베푸는 것이 제한된다는 사실을 드러내는 순간이었다.

이렇듯 신들조차도 인간의 운명을 바꿀 수 없었다. 아무리 그들의 감정이 깊고 애틋할지라도, 신들의 세계에서 운명은 선택의 영역이 아니라 절대적인 법칙이었다. 인간의 삶과 죽음은 이미 모이라이의 손에 의해 결정되어 있었으며, 그 흐름을 거스르려는 시도는 언제나 더 큰 혼란과 균열을 불러왔다. 헥토르와 사르페돈의 죽음은 그 냉혹한 진리를 다시금 증명해 주는 신화적 표징이었다.

운명을 바꿀 수 있는 변수, 대체적 죽음

하지만 "모든 법칙에는 예외가 있다"고들 말한다. 이 세상에 완벽히 절대적인 규칙은 존재하지 않으며, 가장 엄격한 원칙조차도 종종 예상치 못한 틈과 여백을 품고 있기 마련이다. 운명 역시 예외가 아니었다. 그리스-로마 전통에 따르면, 운명의 여신들은 인간의 삶을 정교하게 설계된 궤도에 따라 직조했고, 그 실은 생명의 시작과 끝, 나아가 삶의 방향마저도 통제하고 있었다. 하지만 그 고정된 궤도를 흔들 수 있는 단 하나의 변수가 존재했다. 바로 대체적 죽음, 즉 누군가가 타인을 대신하여 자발적으로 죽음을 선택하는 것이었다. 정해진 때에 죽어야 할 이가 있을 때 그 대신 다른 이가 스스로 죽음을 받아들일 경우, 운명의 수레바퀴는 잠시 방향을 바꾸고 죽음도 유예될 수 있었다. 이 희귀하고도 신비로운 예외를 가장 선명하게 보여주는 신화가 바로 알케스티스의 이야기다.

테살리아의 도시 페라이의 왕, 아드메토스는 태양신 아폴론과 특별한 인연을 맺은 인물이었다. 전승에 따르면, 아폴론은 한때 제우스의 뜻을 거역한 죄로 벌을 받아, 일정 기간 인간 세계에서 종살이를 해야 했다. 그는 높고 거룩한 올림포스를 떠나 필멸자들 가운데로 내려왔다. 그리고 머문 곳이 바로 아드메토스의 궁정이었다. 이곳에서 신이 인간의 궁정에서 봉사하는, 실로 기이한 광경이 펼쳐진다. 그러나 아드메토스는 이 이방인을 하찮게 여기지 않았다. 그를 따뜻하게 맞아주었고, 극진히 대접했으며, 신이 보기에도 감동을 줄 만한 환대를 베풀었다. 그리하여 아폴론은 인간 세계를 떠나기 전, 아드메토스에게 놀라운 선물을 내린다. 그것은 다름 아닌 운명의 질서에 작은 틈을 내는 특권이었다. 아폴론은 모이라이 여신들에게 간청한다.

아드메토스가 죽을 날이 오거든, 누군가 그 죽음을 대신 짊어지겠다고 나설 경우 그의 생명을 연장해 주십시오.

놀랍게도, 운명의 여신들은 그 간청을 받아들인다. 이로써 운명의 수레바퀴에 처음으로 예외가 허락된다. 사랑과 자기희생이 운명을 흔들 수 있는 가능성이 이 서사 속에 처음으로 유입된 것이다.

그리고 마침내 그날이 다가왔다. 운명의 시계가 정지하는 바로 그 순간 죽음의 신 타나토스가 아드메토스를 데려가기 위해 모습을 드러냈다. 그런데 바로 그 순간 그 앞을 가로막은 이가 있었으니, 다름 아닌 아폴론이었다. 아폴론은 차분하지만 단호하게 말했다.

이미 약속은 성립되었다. 아드메토스가 자신을 대신해 죽을 자를 찾는다면, 그의 생명은 연장되어야 한다.

하지만 그 조건은 결코 쉽지 않았다. 과연 누가, 사랑하는 이를 위해 자신의 생명을 기꺼이 내어 줄 수 있을까? 아드메토스는 간절한 마음으로 가족을 찾아 나섰다. 먼저 부모에게 애원했다. 그를 낳고 기른 이들이라면 삶을 내려놓을 준비가 되어 있을지 모른다고 믿었다. 하지만 그들은 고개를 저었다. 다음은 형제였다. 그는 어릴 적 생사를 함께 했던 혈육에게 떨리는 목소리로 간청했다. 그러나 그 역시 고개를 돌렸다. 그는 자식들에게도 말했지만 그들도 거부했다. 아드메토스는 점점 절망 속으로 빠져들었다. 그리고 그 순간 깨달았다. 사랑보다 깊은 본능은 생존의 본능임을. 그렇기에 누구도 그들을 나무랄 수 없었다. 죽음을 앞에 두고 인간은 본능적으로 살아남기를 원할 뿐이었다.

그때 한 여인이 조용히 걸어 나왔다. 그녀는 피를 나눈 가족도 아니고, 어린 시절을 함께 보낸 친구도 아니었지만, 사랑이라는 이름으로 더 깊이 연결된 존재였다. 그녀의 이름은 알케스티스. 아드메토스의 아내이자 이 이야기를 운명의 이야기에서 은총의 이야기로 바꾼 결정적인 인물이다. 알케스티스는 아무 말없이 죽음을 받아들였다. 그녀가 죽음의 신에게 자신을 내어주자 아드메토스는 생명을 얻었다. 아내의 대체적 죽음이 남편의 운명을 되살린 것이다!

잠시 생각해 보자. 아드메토스가 운명의 궤도를 역행할 수 있었던 결정적인 이유가 무엇일까? 단지 아폴론의 개입과 모이라이 여신들이 허락한 특별한 예외 덕분이었을까? 아니다. 신들이 부여한 것은 단지 '기회'였을 뿐, 그 기회를 현실로 만든 것은 알케스티스의 숭고한 희생이었다. 만약 그녀의 자기희생이 없었다면, 아드메토스는 결코 운명을 거스를 수 없었을 것이다. 결국 그가 예정된 죽음을 피해 살아남을 수 있었던 것은 한 사람의 숭고한 사랑, 한 사람의 고귀한 결단 덕분이었다. 이 이야기는 우리에게 중요한 진실 하나를 말해 준다. 인간의 운명이 반드시 정해진 대로만 흘러가는 것은 아니라는 것. 다시 말해, 그 운명의 흐름조차도 타인의 대리적 희생이 개입할 경우 잠시 멈추거나 방향을 바꿀 수 있다는 것이었다.

때로 운명은 철옹성처럼 단단해 보인다. 그러나 그 견고한 법칙조차도 다른 이의 사랑과 자기희생 앞에서 틈을 내고, 새로운 길을 열어 줄 수 있었다. 완전무결해 보이던 운명의 법칙이 예외를 허락한 바로 그 순간, 그 예외의 이름은 다름 아닌 대체적 희생이었다.

예수님의 숭고한 희생

신약 전통은 예수 그리스도의 죽음을 단순한 순교로 보지 않는다. 그분의 죽음은 도덕적 모범이나 고귀한 자기희생의 차원을 넘어서, 대속적 희생으로 선포된다. 곧 죄 없으신 이가 죄인을 대신하여 죽음에 이르신 사건이며, 바로 그것이 그리스도의 십자가 혁명이다. 예수 그리스도는 자신에게 전혀 해당되지 않는 형벌, 즉 죄와 사망의 대가를 자발적으로 감당하셨다. 그 죽음은 개인의 비극이 아니라 인류 전체를 위한 구속의 역사였다. 신약성경은 이 진리를 다양한 언어로 선포한다.

> 인자는 섬김을 받으러 온 것이 아니라 섬기러 왔으며, 많은 사람을 구원하기 위하여 치를 몸값으로 자기 목숨을 내주러 왔다. (막 10:45)

> [7] 의인을 위해서라도 죽을 사람은 거의 없습니다. 더욱이 선한 사람을 위해서라도 감히 죽을 사람은 드뭅니다. [8] 그러나 우리가 아직 죄인이었을 때에, 그리스도께서 우리를 위하여 죽으셨습니다. 이리하여 하나님께서는 우리들에 대한 자기의 사랑을 실증하셨습니다. (롬 5:7-8)

¹ 형제자매 여러분, 내가 여러분에게 전한 복음을 일깨워 드립니다. 여러분은 그 복음을 전해 받았으며, 또한 그 안에 서 있습니다. ² 내가 여러분에게 복음으로 전해드린 말씀을 헛되이 믿지 않고, 그것을 굳게 잡고 있으면, 그 복음을 통하여 여러분도 구원을 얻을 것입니다. ³ 나도 전해 받은 중요한 것을 여러분에게 전해 드렸습니다. 그것은 곧, 그리스도께서 성경대로 우리 죄를 위하여 죽으셨다는 것과, ⁴ 무덤에 묻히셨다는 것과, 성경대로 사흘날에 살아나셨다는 것과, ⁵ 게바에게 나타나시고 다음에 열두 제자에게 나타나셨다고 하는 것입니다. (고전 15:1-5)

우리는 이 아들 안에서 하나님의 풍성한 은혜를 따라 그의 피로 구속 곧 죄 용서를 받게 되었습니다. (엡 1:7)

그는 우리 죄를 자기의 몸에 몸소 지시고서, 나무에 달리셨습니다. 그것은, 우리가 죄에는 죽고 의에는 살게 하시려는 것이었습니다. 그가 매를 맞아 상함으로 여러분이 나음을 얻었습니다. (벧전 2:24)

이 모든 말씀은 결국 하나의 일관된 선언으로 귀결된다. 예수 그리스도의 죽음은 인간을 위한, 그리고 인간을 대신한 죽음이었다는 것. 이처럼 예수 그리스도의 십자가는 인류의 운명을 대리적으로 감당한 사랑의 정점이며, 죄와 사망의 사슬에 묶인 인류에게 해방의 길을 여는 우주적 전환의 순간이었다. 그렇다. 예수 그리스도의 십자가를 단순한 비극으로 보지 말자. 그것은 우리 자리에 선 이의 대체적 희생, 곧 죄인 된 인류를 대신하여 운명을 마주한 구속의 사건이었다. 그분은 우리가 마땅히 감당해야 할 죽음을 홀로 짊어지셨고, 그 희생을 통해 사망의 굴레 아래 놓인 인류에게 생명의 문을 여셨다. 이제 우리는 죄인을 대신하여 죽으신 그분의 피로 말미암아 하나님과 화목하게 되었고, 심판의 운명을 벗어나 구원의 길로 인도받게 되었다. 예수 그리스도의 죽음은 모이라이조차 꺾을 수 없었던 죽음의 실을 자신의 피 묻은 손으로 끊은 사건이며, 하나님께서 친히 인간의 운명에 개입하신 은혜의 절정이었다.

우리에게 매어진 운명의 굴레

바울만큼 인간의 절망적인 현실을 선명하게 직시한 이는 없었다. 그의 증언에 따르면, 우리는 "죄 가운데서" 태어나 하나님의 원수가 되었으며, 본래부터 "공중의 권세를 잡은 통치자"를 따르는 진노의 자식이었다.

> ¹ 여러분도 전에는 허물과 죄로 죽었던 사람들입니다. ² 그 때에 여러분은 허물과 죄 가운데서, 이 세상의 풍조를 따라 살고, 공중의 권세를 잡은 통치자, 곧 지금 불순종의 자식들 가운데서 작용하는 영을 따라 살았습니다. ³ 우리도 모두 전에는 그들 가운데에서 육신의 정욕대로 살고, 육신과 마음이 원하는 대로 행했으며, 나머지 사람들과

마찬가지로 날 때부터 진노의 자식이었습니다. (엡 2:1-3)

바울은 우리를 가리켜 "허물과 죄로 죽었던 자들"이라 말한다. 이 죽음은 단순히 육체의 소멸을 가리키는 것이 아니다. 하나님과 단절되고, 생명의 근원으로부터 탈락되며, 빛 없는 심연 속에 잠긴 인간의 본모습을 가리킨다. 우리는 살아 있는 것처럼 보였으나, 실상은 죽은 자들이었다. 숨은 쉬었으나 생명이 없었고, 걸음을 옮겼으나 그 길 끝에는 오직 어둠뿐이었다. 그리고 그 어둠의 심장부에는 "공중의 권세를 잡은 통치자", 곧 사탄이 자리하고 있었다. 사탄은 하늘과 땅 사이를 떠돌며 사람들의 욕망을 조종하고, 세상의 흐름을 자신의 의지대로 휘몰아 가는 통치자였다. 우리는 그 흐름에 떠밀렸다. 눈이 감기고 손도 묶인 채, 죄의 강물 위를 부유하며 자신이 어디로 가는지도 모른 채, 죽음을 향해 유영하는 자들이었다. 아무리 몸부림쳐도 소용없었다. 그 관성은 거스를 수 없었고, 그 장악력은 끊을 수 없었으며, 그 지배는 벗어날 수 없었다. 사탄의 권세 아래 있는 인간은 자기 힘으로는 결코 운명의 궤도로부터 이탈할 수 없었다. 우리는 태어나는 순간부터 멸망을 향해 걸어가는 존재, 즉 생명의 대척점에 선 존재였다.

바울의 선언은 여기에서 멈추지 않는다. 그는 모든 인간이 "날 때부터 진노의 자식"으로 태어난다고 단호히 말한다. 이것은 단순한 상징도 극적인 과장도 아니다. 인간은 태어나는 그 순간부터 하나님의 심판 아래 놓여 있는 존재다. 왜 그런가? 바로 죄 때문이다.

인간은 죄를 지었기 때문에 죄인이 되는 것이 아니다. 죄인이기 때문에 죄를 짓는 것이다. 죄는 행동의 문제가 아니라 존재의 문제이며, 그렇기에 인간의 운명은 태어나는 그 순간부터 심판을 향해 움직인다. 그렇다. 죄는 행위의 결과가 아니라, 존재의 본질이다. 인간은 죄의 본성을 안고 태어나며, 그로 인해 하나님의 진노를 피할 수 없는 상태에 놓인다. 우리는 죄를 배우기 이전에 죄 가운데 태어났고, 숨을 쉬기도 전에 심판의 기운을 품고 있었다. 이것이 인간의 상태였고 그 상태는 절망 그 자체였다.

바울은 이 냉혹한 진실을 에베소서 2:1-3에서 똑똑히 증언한다. 우리는 허물과 죄로 인해 영적으로 죽었던 자들이었고, 공중의 권세를 잡은 통치자를 따라 살았으며, 육체의 욕망과 헛된 생각을 좇아 살았던, 본질상 진노의 자녀였다. 누군가 외부에서 개입하지 않는 한, 인간은 그저 절망 속에서 멸망을 향해 굴러가는 수레바퀴에 불과했다. 아무리 몸부림쳐도 그러한 운명의 굴레에서 스스로를 끌어낼 수는 없었다.

신적 변수

그러나 우리는 알고 있다. 인류의 운명을 송두리째 뒤흔든 놀라운 사건이 일어났다는 사실을. 그 누구도 예측하지 못했고, 그 누구도 상상하지 못했던 신적 변수는 곧 예수 그리스도의 대리적이며, 대체적이며, 대속적인 희생이었다. 우리는 영원한 사망을 향해 미친

듯이 내달리던 운명의 전차 안에 탑승하고 있었다. 그런데 관성의 법칙을 따라 최고 속력으로 질주하던 그 전차가 갑자기 멈춰 섰다. 무엇이 운명의 수레바퀴에 제동을 걸었는가? 보혈이 묻은 십자가, 바로 예수 그리스도의 사랑 나무였다. 그분의 숭고하고 고귀한 희생으로 인하여, 이전에는 존재하지 않았던 생명의 궤도가 우리 앞에 열리게 되었다.

예수 그리스노의 십자가는 지옥을 향해 곤두박질치던 형벌의 궤적을 꺾어, 은혜와 생명의 궤도로 전환시킨 우주의 전환점이었다. 그 십자가는 단순한 형틀이 아니었다. 그것은 새로운 시간의 분기점이었고, 죽음에서 생명으로 건너가는 구속의 문이었다. 바로 이것이 하나님께서 친히 보여주신 대속의 사랑, 곧 인간의 운명을 되돌리신 하나님의 희생이었다. 알케스티스 전통에 익숙했던 그리스-로마의 고대인은 예수님의 대체적 죽음을 통해 다음과 같은 진리를 깨달았을 것이다.

- 인간은 본래 죄로 인해 피할 수 없는 운명 아래 놓여 있었다.
- 그 운명은 대체적 희생 없이는 결코 벗어날 수 없는 우주적 숙명이다.
- 그러나 예수님께서 인간의 자리에 서서 우리를 대신하여 죽으셨다.
- 예수님의 십자가는 인간의 운명을 죽음의 궤도에서 생명의 궤도로 옮기셨다.
- 이제 누구든지 예수님을 믿기만 하면, 죽음의 궤적에서 벗어나 영원한 생명의 길로 들어설 수 있다.

복음! 이것이야말로 복음이었다!

자격 없는 자에게 임한 은혜

아드메토스는 신을 환대한 자였다. 그는 아폴론을 따뜻하게 맞이했고, 아폴론은 그 보답으로 그의 운명을 바꿀 기회를 허락했다. 이것은 자업자득(自業自得)의 원리가 작동한 결과였다. 아드메토스가 신을 섬겼기에 신도 그를 기억한 것이다. 그렇다면 우리는 어떠한가? 우리도 아드메토스처럼 이 땅에 오신 예수님을 환대했는가? 우리가 그분께 선을 행하고 그분을 높이고 따랐기에, 그분의 희생이 우리의 구원으로 돌아온 것인가? 천만의 말씀이다. 우리는 그분을 환영하지 않았다. 우리는 그분을 따르지 않았고, 그분의 이름을 높이지 않았다. 도리어 그분을 거부하고 배척했으며, 그 손에 못을 박았다. 우리는 예수님으로부터 그 무엇도 받을 자격이 없었다. 우리에게는 그분의 희생을 요구할 어떤 정당성도, 그 사랑을 받을 만한 어떤 행위도 없었다. 이 사실을 마음 깊이 새기며 바울 사도의 말에 귀 기울여 보자.

> [7] 의인을 위해서라도 죽을 사람은 거의 없습니다. 더욱이 선한 사람을 위해서라도 감히 죽을 사람은 드뭅니다. [8] 그러나 우리가 아직 죄인이었을 때에, 그리스도께서 우리를 위하여 죽으셨습니다. 이리하여 하나님께서는 우리들에 대한 자기의 사랑을 실증하셨습니다. (롬 5:7-8)

"우리가 아직 죄인이었을 때에" 바로 그때, "그리스도께서 우리를 위하여 죽으셨[다]." 우리는 그 희생을 받을 자격이 없었다. 그 희생을 요청할 수도 없었다. 우리는 하나님의 원수였고, 그분을 조롱하고 거절하던 진노의 자식들이었다. 그런데도 예수님께서는 우리를 위해 기꺼이 십자가를 지셨다. 왜일까? 우리가 그럴 만한 가치가 있어서? 우리의 행위가 그분의 희생을 요청할 만큼 선해서? 오직 한 가시 이유, 그분이 우리를 사랑하셨기 때문이다. 우리가 그 사랑을 받을 자격이 없을 때, 우리가 그분을 밀어냈을 때, 우리가 하나님을 등지고 죄의 길을 걸을 때조차도, 그분은 우리를 사랑하셨다. 그 사랑이 우리를 구원했고 그 사랑이 우리의 운명을 되돌렸다. 이것은 은혜요, 오직 사랑으로 주어진 구원의 이야기다.

고멜의 노래

나는 종종 예수님의 희생을 생각하며 강명식 교수의 「고멜의 노래」를 떠올린다. 이는 사랑받을 자격이 없는 여인, 고멜을 향해 늘 한결같은 모습을 보이는 호세아의 사랑을 노래한다.

> 나를 바라볼 때 그는 무엇 보는지
> 나는 부정한 여인 내 이름은 고멜
> 부정한 나를 대하며 더욱 순결한 당신
> 날 사랑하는 호세아 당신은 바보요

날마다 당신 떠나는

사랑받을 가치도 없는

나 같은 사람 사랑하는

당신은 바보요

때론 친구처럼 때론 아비처럼

그 따뜻한 사랑의 미소로 날 이해해 주네

모든 것 아낌없이 내게 주신 당신

날 사랑하는 호세아 당신은 바보요

끝없이 용서하는

한없는 당신의 사랑

당신을 떠날 때마다

나를 찾아와

다시 품어 주시는 당신

모든 것 아낌없이 내게 주신 당신

나 이런 사랑 본 적 없네

당신은 바보요

고멜을 향한 호세아의 사랑은 우리를 향한 예수님의 사랑과 닮아 있다. 하지만 예수님의 사랑은 호세아의 사랑과 비교할 수 없을 정도로 강력하다. 예수님의 사랑은 우리의 운명을 영원히 뒤바꾼, 새로운 운명의 궤적으로 우리를 이끈, 뜨겁고 강렬한 사랑이기 때문이다.

예수님의 상처, 소리 없는 아우성

요한계시록은 우리가 새 하늘과 새 땅에서 마주하게 될 예수님의 모습을 어렴풋하게나마 비춰 준다.

> 나는 또 보좌와 네 생물과 장로들 가운데 어린 양이 하나 서 있는 것을 보았는데, 그 어린 양은 죽임을 당한 것과 같았습니다. (계 5:6)

보다시피, 예수님은 죽임을 당한 어린 양의 모습으로 서 계신다. 그러나 묻지 않을 수 없다. 모든 것이 새롭게 된 그곳, 죄와 죽음과 눈물이 사라진 그 자리에서조차, 어째서 예수님은 여전히 죽임당한 모습으로 서 계신가? 일부 학자들은 이것이 예수님의 몸에 십자가의 흔적이 여전히 남아 있음을 의미한다고 본다. 그렇다면 도마가 손가락을 넣었던 그 못 자국, 창으로 찔린 옆구리의 상처는 승천하신 이후에도 여전히 그분의 몸에 남아 있다는 말이 된다. 하지만 왜? 예수님은 부활하셨다. 승천하셨고 하늘의 보좌에 앉으셨다. 만왕의 왕으로, 만주의 주로 영광을 받으셨다. 그렇다면 도대체 왜 그분의 몸에 아직도 상처가 남아 있는가? 이 질문은 오랫동안 내 마음을 떠나지 않았다. 그리고 오랜 시간 헤매며 그 답을 구하던 나는 이제야 비로소 어렴풋이 깨닫기 시작한다.

나와 함께 상상해 보자. 우리는 새 하늘과 새 땅의 찬란한 영광에 매료되어 숨을 삼키고 감탄하며 눈을 반짝인다. 금과 보석으로 수놓인 천상의 거리, 죽음도 눈물도 사라진 그곳의 장엄함에 압도되어 말문이 막힌다. 그러나 그 모든 황홀함을 압도하는 한 존재가 우리 앞에 나타나신다. 만왕의 왕, 영광의 주님. 그분을 뵙는 순간, 우리는 그 장엄함에 짓눌려 땅에 엎드린다. 하지만 그때 우리는 그분의 몸에 있는 선명한 흔적을 본다. 못 자국. 창 자국. 천상의 찬란한 광휘 속에서 그 상처는 더욱 또렷하고 더욱 분명하다. 새 하늘과 새 땅의 모습과 너무도 어울리지 않는 그 흉터. 그 거룩한 장소에서 가장 이상하게 보이는 흉터. 우리는 충격에 휩싸인다. 이곳에는 더 이상 눈물도 고통도 죽음도 없다. 그러나 그분의 몸에는 여전히 상처가 남아 있다. 왜 그런가? 그 순간 예수님의 목소리가 우리 존재 깊숙한 곳을 꿰뚫으며 천둥처럼 울린다.

너의 운명, 내가 이 상처를 통해 뒤엎었다.

아 … 숨이 멎을 것 같다. 정말 그렇다. 우리는 이곳에 올 운명이 아니었다. 우리는 진노의 자식들이었다. 어둠의 자식들이었다. 영원한 형벌을 받아 마땅한 존재들이었다. 그런데 어떻게? 어떻게 우리가 새 하늘과 새 땅을 누릴 수 있는가? 어떻게 우리가 빛의 자녀가 되었는가? 예수님께서 우리를 대신하여 대속적 죽음을 당하셨기 때문이다. 그분이 우리를 위해 십자가를 지셨고, 그 상처를 통해 우리의 운명을 뒤엎으셨기 때문이다.

우리는 이 엄청난 사실을 결코 잊을 수 없을 것이다. 아니, 잊을 수 없는 것이 아니라 잊혀질 수 없는 것이다. 왜냐하면 우리의 눈은 매일 예수님을 바라볼 것이고, 그분의 몸에 남아 있는 상처를 통해 뒤바뀐 우리의 운명을 기억할 것이기 때문이다. 그렇게 예수님을 향한 우리의 사랑과 예배는 시간이 흐를수록 더욱 깊어지고 더욱 뜨거워질 것이다. 그렇다. 예수님의 부활체에 남겨진 십자가의 상처는 그분의 대속적 죽음과 사랑을 영원히 알리는 소리 없는 아우성이다. 그 아우성은 우리의 고막을 뚫고 들어와 우리의 영혼에 영원한 메아리를 만든다. 그것은 무언의 외침이며, 거룩한 메멘토(Memento)이다. 우리는 그 상처를 통해 그분의 사랑을 기억하며, 영원토록 그분을 예배할 것이다.

우리의 운명을 뒤엎으신 참사랑, 예수 그리스도를.

제7장 \ 내 피는 다른 신들의 피보다 진하다

십자가 위에서, 예수님의 피가 흘러내렸다. 그 피는 결코 평범한 인간의 것이 아니었다. 그것은 신의 몸에서 흘러나온 피, 영원한 생명을 품은 거룩한 피였다. 핏방울이 조용히 대지를 향해 떨어질 때, 대지는 숨을 죽인 채 그것을 받아 삼켰다. 그러자 땅 깊은 곳에서, 신비롭고 거룩한 반응이 일어나기 시작했다. 대지가 새로운 생명을 잉태한 것이다. 마치, 우라노스의 피가 바다에 흘러들어 눈부신 여신 아프로디테를 탄생시켰던 것처럼, 예수님의 피도 땅으로 흘러들어 눈부신 여인을 탄생시켰다. 그녀의 이름은 에클레시아. 에클레시아는 아프로디테와 비교할 수 없을 정도로 눈부시게 아름다운 예수님의 신부였다.

제7장 \ 내 피는 다른 신들의 피보다 진하다

예수님의 보혈, 죄를 씻고 생명을 주는 능력

우리는 예수님의 피를 "보혈"(寶血)이라고 부른다. 귀중할 '보'(寶), 피 '혈'(血). 말 그대로 "귀한 피"요, "값진 피"라는 뜻이다. 이 표현은 단순한 미사여구가 아니다. 우리가 예수님의 피를 보혈이라 부르는 까닭은, 그 피만이 인류의 가장 본질적인 문제—죄의 문제—를 해결하는 유일한 피, 단 하나의 피이기 때문이다. 신약성경은 곳곳에서 이에 대해 선포한다. 예수님의 보혈이 죄를 씻고, 하나님과 인간 사이의 막힌 담을 허무는 정화와 화해의 능력을 지녔다고.

[26] 그들이 먹고 있을 때에, 예수께서 빵을 들어서 축복하신 다음에, 떼어서 제자들에게 주시고 말씀하셨다. "받아서 먹어라. 이것은 내 몸이다." [27] 또 잔을 들어서 감사 기도를 드리신 다음에, 그들에게 주

시고 말씀하셨다. "모두 돌려가며 이 잔을 마셔라. ²⁸ 이것은 죄를 사하여 주려고 많은 사람을 위하여 흘리는 나의 피, 곧 언약의 피다."

(마 26:26-28)

이 본문에 따르면, 예수님의 보혈은 곧 새 언약의 피다. 이 피는 죄 사함을 이루는 정화의 피요, 우리를 하나님과 화목하게 하는 언약의 피다. 죄인은 이 피를 통해—오직 이 피를 통해서만—죄 사함을 받는다. 그리스도의 보혈 외에는 인간이 자신의 죄를 씻고 하나님 앞에 나아갈 길이 없다. 요한일서의 저자도 이와 동일한 전통을 보존하고 있다.

> ⁵ 우리가 그리스도에게서 들어서 여러분에게 전하는 소식은 이것이니, 곧 하나님은 빛이시요, 하나님 안에는 어둠이 전혀 없다는 것입니다. ⁶ 우리가 하나님과 사귀고 있다고 말하면서, 그대로 어둠 속에서 살아가면, 우리는 거짓말을 하는 것이요, 진리를 행하지 않는 것입니다. ⁷ 그러나 하나님께서 빛 가운데 계신 것과 같이, 우리가 빛 가운데 살아가면, 우리는 서로 사귐을 가지게 되고, 하나님의 아들 예수의 피가 우리를 모든 죄에서 깨끗하게 해주십니다. (요일 1:5-7)

예수님의 보혈에는 정결케 하는 능력이 있다. 그리고 그 정결함에는 어떠한 한계도 없다. 성경은 말한다. 그 피가 "모든 죄"로부터 우리를 깨끗하게 한다고. "모든 죄", 단지 가벼운 실수나 일시적 탈선이 아니라, 사람이 저지를 수 있는 가장 어둡고 깊은 죄까지도 예수님의 피 앞에서는 결코 씻기지 못할 죄가 아니다. 이는 곧, 보혈의 능력이 단지 개인의 양심을 달래는 수준에 머무는 것이 아님을 뜻한다. 그 피는 온 우주를 향한 구속의 힘을 지녔다. 죄와 죽음, 타락과 어둠, 그 모든 실체 위에 군림하는 하나님의 절대적 능력, 그것이 바로 보혈의 권능이다. 그 피는 시간과 공간을 넘어 과거와 미래를 꿰뚫고, 한 개인의 양심을 넘어 전 우주를 정결케 하는 하나님의 구속의 능력이다. 요한계시록의 저자 또한 이 위대한 진리를 우리 앞에 펼쳐 보인다.

> [9] 그 뒤에 내가 보니, 아무도 그 수를 셀 수 없을 만큼 큰 무리가 있었습니다. 그들은 모든 민족과 종족과 백성과 언어에서 나온 사람들인데, 흰 두루마기를 입고, 종려나무 가지를 손에 들고, 보좌 앞과 어린 양 앞에 서 있었습니다. [10] 그들은 큰 소리로, "구원은 보좌에 앉아 계신 우리 하나님과 어린 양의 것입니다" 하고 외쳤습니다. [11] 모든 천사들은 보좌와 장로들과 네 생물을 둘러 서 있다가, 보좌 앞에 엎드려 하나님께 경배하면서, [12] "아멘, 찬송과 영광과 지혜와 감사와 존귀와 권능과 힘이 우리 하나님께 영원무궁 하도록 있습니다. 아멘!" 하고 말하였습니다. [13] 그 때에 장로들 가운데 하나가 "흰 두루마기를 입은 이 사람들은 누구이며, 또 어디에서 왔습니까?" 하고 나에게 물었습니다. [14] 내가 "장로님, 장로님께서 잘 알고 계십니다" 하고 대답하였더니, 그는 나에게 이렇게 말하였습니다. "이 사람들은 큰 환난

을 겪어 낸 사람들입니다. 그들은 어린 양이 흘리신 피에 자기들의 두루마기를 빨아서 희게 하였습니다. [15] 그러므로 그들은 하나님의 보좌 앞에 있고, 하나님의 성전에서 밤낮 그분을 섬기고 있습니다. 그리고 그 보좌에 앉으신 분이 그들을 덮는 장막이 되어 주실 것입니다. [16] 그들은 다시는 주리지 않고, 목마르지도 않고, 해나 그 밖에 어떤 열도 그들 위에 괴롭게 내려 쬐지 않을 것입니다. [17] 보좌 한가운데 계신 어린 양이 그들의 목자가 되셔서, 생명의 샘물로 그들을 인도하실 것이고, 하나님께서 그들의 눈에서 눈물을 말끔히 씻어 주실 것입니다." (계 7:9-17)

요한계시록은 우리에게 장엄한 환상을 펼쳐 보인다. 그 환상 속에서 셀 수 없이 많은 큰 무리가 보좌 앞에 서 있다. 그들은 모든 나라와 민족, 백성과 언어에서 나왔으며, 각기 흰 두루마기를 입고 손에 종려나무 가지를 들고 어린 양을 찬양하고 있다. 그들은 누구인가? 그렇다. 그들은 "어린 양의 피"로 그 옷을 희게 한 자들이다. 이들은 오직 예수님의 보혈로 정결하게 된 사람들이다. 그들의 영광도, 그들의 거룩함도 결코 그들 자신에게서 비롯된 것이 아니다. 그들이 입은 흰 두루마기는 그들의 노력이나 공로나 헌신으로 씻은 것이 아니다. 오직 어린 양의 피로 하얗게 씻긴 옷이다. 이처럼, 신약의 전통은 선명하게 증언한다. 예수님의 피에는 인간의 존재론적 문제이자 가장 근원적인 문제, 곧 죄의 문제를 해결하는 정화의 능력이 있다는 사실을.

그러나 그 보혈에는 죄를 씻는 능력 외에도 또 하나의 위대한 능력이 있다. 그것은 바로 죽음을 이기고, 영원한 생명을 주는 능력이다. 요한 사도가 우리에게 전해 준 예수님의 음성을 들어보자.

> [53] 예수께서 그들에게 말씀하셨다. "내가 진정으로 진정으로 너희에게 말한다. 너희가 인자의 살을 먹지 아니하고, 또 인자의 피를 마시지 아니하면, 너희 속에는 생명이 없다. [54] 내 살을 먹고, 내 피를 마시는 사람은 영원한 생명을 가지고 있고, 마지막 날에 내가 그를 살릴 것이다. [55] 내 살은 참 양식이요, 내 피는 참 음료이다." (요 6:53-55)

예수님의 피에는 영원한 생명을 보장하는 능력이 있다. 그러므로 그 보혈을 받아들이는 자는 그 피를 통해 영원한 생명에 이르게 된다. 우리는 이 땅에서 반드시 죽음을 맞이한다. 육신은 서서히 쇠하고 결국 흙으로 돌아간다. 그러나 예수님의 보혈을 마신 자는 다르다. 예수님께서는 마지막 날에 그를 다시 살리겠다고 약속하셨다. 그는 다시는 죽음이 없는 세계로 이끌림을 받을 것이다. 그는 더 이상 눈물도 고통도 슬픔도 없는 곳으로 나아갈 것이다. 그는 하나님과 영원히 함께 거하는 생명의 장막 속에 들어설 것이다. 그러므로 성경이 증언하는 보혈은 단순한 희생의 피가 아니다. 그것은 죄를 정결케 하는 피요, 죽음을 넘어선 생명을 약속하는 피다. 보혈은 생명이다. 보혈은 부활이다. 보혈은 영원한 소망이다.

보혈 모티프를 처음 접한 나의 반응

사실, 처음 그리스도교의 보혈 모티프를 접했을 때, 나의 반응은 몹시 불편하고 거북스러웠다. 피, 그것도 사람의 피를 신앙의 중심 개념으로 삼는다는 것은 감정적으로 충격적이었고, 지적으로도 낯설고 선정적이었다. 아마 이 글을 읽는 이들 중에도 비슷한 당혹감이나 거부감을 느낀 이들이 있을 것이다. 도대체 왜 피를 말하는가? 왜 그토록 피를 강조하는가? 왜 구원이라는 숭고한 개념이 피와 연결되어야 하는가? 이러한 질문들 때문일까. 많은 신학자들은 신약성경이 말하는 "예수님의 피"를 문자 그대로의 혈액이 아니라, 예수님의 죽음을 상징하는 은유로 해석해 왔다. 고대인들은 생명의 본질이 피에 있다고 보았기에, 피는 곧 생명을 뜻하며, 그런 점에서 "예수님의 피"는 곧 '그분의 생명 전체'를 의미한다는 해석이었다. 나 또한 한때는 그렇게 이해하려 애썼다. 피라는 단어가 주는 본능적인 거부감을 누그러뜨리기 위해, 나는 예수님의 피를 상징으로 간주하고 싶었다. 그러나 지금은 다르다. 나는 이제 예수님의 피를 은유로서도, 그리고 문자 그대로도 받아들인다. 왜냐하면 그리스-로마 전통 속에는 그렇게 이해할 수 있는 풍성한 신화적·문화적 맥락이 자리하고 있기 때문이다.

지금부터 나는 우리가 흔히 간과해 온 피의 의미를, 그리스-로마 신화와 전통 속에서 다시 들여다보고자 한다. 과연 피는 단지 은유적 상징에 불과한가? 아니면, 그 붉은 액체 속에는 더 깊고도 강렬한 의미가 깃들어 있는가? 미리 말하자면, 고대 세계에서 신의 피는 결코 평범한 것이 아니었다. 그것은 새로운 생명을 잉태하는 신비로운 힘을 지니고 있었다. 그리스-로마 전통 안에서 신의 피는 죽음과 삶을 가르고 질서와 혼돈을 재편하며, 때로는 새로운 신의 탄생을 가능케 하는 창조의 기폭제였다. 이러한 배경을 고려할 때, 고대의 청중들은 예수 그리스도의 보혈이 신자에게 새 생명을 부여한다는 개념을 단순한 은유적 상징으로 듣지 않았을 것이다. 그들은 그 개념을 온몸으로 이해하고, 신화적 상상력과 종교적 직관을 통해 그 의미를 받아들일 준비가 되어 있었다. 이제 그 신비롭고도 거룩한 피의 세계, 곧 보혈의 신비 속으로 함께 들어가 보자.

우라노스의 피, 새로운 생명을 낳다

신들의 피에는 새로운 생명의 씨앗이 깃들어 있다. 그리고 그 씨앗이 가장 극적으로 드러나는 순간은, 미와 사랑의 여신 아프로디테의 탄생 장면이다. 헤시오도스 계열의 전승에 따르면, 아프로디테는 하늘의 신 우라노스의 딸이다. 놀랍게도, 그녀의 탄생은 결코 평온하거나 고요한 시작이 아니었다. 그것은 폭력과 피, 배신과 반역 속에서 솟구친 기적이었다.

우라노스는 대지의 여신이자 그의 어머니인 가이아로부터 세상의 주권을 찬탈했다. 그래서 그는 거꾸로 자신의 자식들에게 당할 날이 올 것을 두려워했다. 그 두려움은 곧 광기로 번졌고, 그는 자식들이 태어나자마자 하나둘씩 지하 감옥 타르타로스에 가두기 시작했다. 가이아 여신은 그 끔찍한 광경을 지켜보며 분노와 슬픔을 가슴에 품었다. 그리고 마침내 반란을 결심한다. 가이아는 막내아들 크로노스를 부추겨 아버지를 쓰러뜨리도록 설득한다. 그리고 운명의 날, 크로노스는 어머니가 건네준 날카로운 낫을 들고 어둠 속에 매복한다. 하늘의 신 우라노스가 대지로 내려오던 그 순간, 크로노스는 기습하여 우라노스의 생식기를 잘라 버렸다. 그 생식기는 파도가 휘몰아치는 바다에 던져졌고 그 안에서 피를 쏟아 냈다.

그러자 상상도 못한 일이 벌어졌다. 우라노스의 피가 바닷물과 뒤섞이자, 하얀 거품이 거세게 일렁이며 한 점으로 모이기 시작하는 게 아닌가? 그러더니 그 거품 속에서 순백의 조개껍데기를 타고 눈부시게 아름다운 여신 하나가 조용히 떠올랐다. 바람은 그녀의 금빛 머리카락을 휘날렸고, 바다는 그녀의 발치에 입을 맞췄다. 그녀의 이름은 아프로디테. 사랑과 아름다움의 절대적 화신이었다. 아프로디테는 그렇게 피와 바다의 경계에서, 고통과 아름다움의 경계에서 태어났다.

우라노스가 거세당하던 그 순간 그의 몸에서 터져 나온 피는 단순히 바다로만 흘러든 것이 아니었다. 그 피는 하늘에서 낙하하여 대지의 살갗을 깊숙이 적셨다. 그리고 그 순간 땅이 진저리치듯 요동쳤다. 고요했던 대지의 심연이 울부짖기 시작했다. 핏자국이 스며든 자리마다, 무언가 거대하고 원시적인 형상들이 꿈틀거리며 깨어났다. 그들은 누구인가? 그들은 가이아의 복수심에 불을 붙인 전사들이었고, 우라노스의 피에서 태어난 분노의 화신들이었다. 신들보다 크고 인간보다 강한 거신족, 그들은 하늘에서 흘러내린 신적 피가 낳은 저항의 형상이요, 질서에 맞서는 혼돈의 씨앗이었다.

우라노스가 흘린 피의 힘은 거기서 멈추지 않았다. 그 피는 더욱 깊은 곳으로 스며들어, 대지의 응어리진 복수심과 뒤엉키며 한층 더 어둡고 두려운 존재들을 불러냈다. 그들은 에리뉘에스, 곧 복수의 여신들이었다. 그 여신들은 피로 잉태된 심판자들이었다. 눈에서는 피눈물이 흐르고, 머리칼에는 독사들이 얽혀 있었으며, 손에는 타오르는 횃불과 채찍이 들려 있었다. 그녀들은 배신을 용납하지 않았다. 부모를 죽인 자, 형제를 저버린 자, 피로 맺어진 인연을 짓밟은 자를 끝까지 추적했고, 피로 흘린 죄에 피로써 응답했다. 그 여신들은 복수가 생명을 얻은 형상이었고, 신의 피에서 태어난 기억의 심판자들이었다. 이처럼 우라노스의 피, 곧 신이 흘린 피는 새로운 존재를 불러내는 원초적 에너지였고, 생명을 창조하고, 심판을 불러오며, 신화의 시간에 균열을 일으키는 신성한 파열음이었다.

여기서 우리가 주목해야 할 점이 있다. 우라노스의 피가 죽음이 아니라 생명을 낳았다는 사실이다. 흔히 피는 죽음의 상징으로 여겨진다. 피가 흐른다는 것은 생명의 소실, 존재의 붕괴를 의미하기 때문이다. 하지만 이 신화 속의 피는 다르다. 쏟아진 피는 파괴의 흔적이 아니라 창조의 원천이었다. 신의 피는 단순한 유출이 아니었다. 그것은 새로운 존재를 낳는 원초적 에너지, 신성한 창조의 파문이었다. 그렇다. 우라노스의 피가 바다와 대지에 스며들었을 때, 그 피는 끝이 아니라 시작이 되었다. 실제로 그 피에서 아프로디테가 태어났고 거신족이 깨어났으며 에리뉘에스가 솟구쳤다. 생명을 빼앗은 피가 도리어 새로운 생명을 잉태한 것이다. 이처럼 고대의 피는 단순한 파멸의 결과가 아니라, 신적 존재의 전환점이었고 시간의 흐름에 균열을 내는 창조의 문이었다. 그리고 이와 같은 고대의 신비는 곧 우리가 탐구하게 될 또 다른 신적 피의 이야기를 조용히 예고하고 있다.

아스클레피오스가 사용한 메두사의 피

피의 신비는 아스클레피오스 전통에서도 강렬하게 드러난다. 그는 그리스 신화에서 치유의 신으로 숭배받지만, 신이 되기 이전에는 탁월한 의술을 지닌 반신반인 명의(名醫)였다. 의술의 신이기도 했던 아폴론의 아들로 태어난 아스클레피오스는 켄타우로스족의 지혜로운 스승 케이론에게서 배움을 얻으며 성장했다. 이후 배움에 대한 열정이 그를 사로잡았다. 그는 수술의 기법을 발전시켰고, 약초를 탐구하며 치료제를 조합했다. 그러나 지식에 대한 그의 갈망은 거기서 멈추지 않았다. 죽음조차 거스를 수 있는 방법을 찾고자 했던 것이다. 그리고 마침내 그는 금기의 영역에 발을 디딘다. 죽은 자를 다시 살리는 법을 찾아 생명과 죽음의 경계를 넘나드는 문을 열었던 것이다. 그 비밀은 어디에 있었는가? 바로, 메두사의 피에 있었다.

아스클레피오스는 여신 아테나로부터 메두사의 머리에서 흘러나온 피를 선물받는다. 놀랍게도 그 피는 양면의 운명을 품은 신비로운 피였다. 메두사의 왼쪽 머리에서 흐른 피는 사혈(死血), 곧 죽음을 부르는 피였다. 그 피에 닿는 순간, 생명은 급류처럼 파멸을 향해 쏟아져 내렸다. 숨이 끊어지고 살은 시들었으며 모든 것이 회귀 불가능한 어둠으로 사라졌다. 반면, 오른쪽 머리에서 흐른 피는 생혈(生血), 곧 죽은 자를 다시 살리는 피였다. 이 피가 닿는 곳에서는 꺼진 숨결이 되살아났고, 식어 버린 육체에 다시 온기가 돌았다. 생명의 기운이 죽음의 무게를 밀어내며 몸을 일으켰다. 아스클레피오스는 생명을 회복시키는 메두사의 생혈을 손에 넣었다. 그리고 그 피를 사용해 수많은 망자의 혼을 다시 육체로 불러냈다. 그것은 더 이상 인간의 의술이 아니었다. 그것은 죽음을 거슬러 생명을 선언하는 신의 피가 발휘하는 능력이었다.

메두사의 피는 말 그대로 죽음과 생명의 경계를 가로지르는 피였고, 두 세계를 잇는 신비의 원천이었다. 그리스-로마 신화 속에서 신의 피란, 단순한 유출물이 아니라 존재를 새롭게 빚어내는 근원적 에너지였음을 기억하자. 메두사의 피도 예외는 아니었다. 그 피는 죽음을 선고하기도 했고, 그 죽음을 뒤엎고 생명을 불어넣는 창조의 도구가 되기도 했다. 신으로부터 쏟아진 피가 새로운 생명과 연결될 수 있다는 사상은 메두사 전승 안에서도 은연중에 흐르고 있었던 신비였다.

페가수스와 크뤼사오르, 메두사의 피에서 태어나다

메두사의 전승은 여기에서 멈추지 않는다. 그녀의 피는 죽은 자를 소생시키는 도구였을 뿐만 아니라, 또한 새로운 생명을 잉태하는 능력이기도 했다. 고대 그리스 신화에 따르면, 페르세우스가 메두사의 머리를 베었을 때 그녀의 잘린 목에서 피가 분수처럼 솟구쳤다. 그리고 그 피가 땅에 떨어지자마자 지면이 꿈틀거렸다. 그리고 대지로부터 두 존재가 솟구치듯 태어났다. 하나는 날개 달린 천마 페가수스였고, 다른 하나는 황금 검을 든 전사 크뤼사오르였다. 메두사의 피, 곧 유출된 신적 존재의 피가 새로운 생명을 탄생시킨 것이다.

다른 전승은 또 다른 신비를 전한다. 이때 피는 땅이 아니라 바다에 떨어졌다. 피와 물이 뒤섞이는 그 심연의 순간, 다시 한번 새로운 생명이 탄생했다. 페가수스와 크뤼사오르. 마치 우라노스의 피가 바닷물과 뒤섞여 아프로디테를 낳았듯이, 메두사의 피도 바다와 결합하여 신적 존재들을 세상에 풀어놓은 것이다.

다시 한번 강조하지만, 그리스-로마 전통에서 신의 피란 단순한 유출물이 아니었다. 그 피는 생명을 잉태하는 창조의 에너지로 간주되었다. 신의 피에서 생명이 솟구치는 신화의 도식은, 이후 우리가 마주하게 될 또 하나의 피의 전통, 곧 십자가 위에서 흘러내린 성자 하나님의 피에 대한 낯선 시선을 제공한다.

보혈이 낳은 생명, 에클레시아

우리는 지금까지 그리스-로마 시대에 전해져 내려오는 신의 피의 신비를 살펴보았다. 고대인에게 있어 피는 단지 생명의 상징이 아니었다. 신의 피는 우주의 구조를 뒤흔들고, 새로운 존재를 탄생시키며, 때로는 죽음의 질서를 교란시키는 신비로운 매개였다. 그것은 파괴 이후의 창조였다. 이러한 전통을 몸에 익힌 고대 그리스-로마의 청중들이 "성자 하나님께서 피를 흘렸다"라는 그리스도교의 선포를 들었다고 가정해보자. 과연 그들이 그 피를 단순히 죽음의 흔적이나 상징으로만 이해했을까? 오히려 그들의 신화적 상상력 안에서 그 피는 '새로운 생명을 잉태하는 피'를 반향했을 것이다. 여기서 우리는 되물어야 한다. 그렇다면 예수 그리스도의 피는 과연 무엇을 창조했는가? 그 보혈은 어떤 생명을 잉태했는가? 그리고 그 피로 태어난 '새로운 존재'란 누구인가? 우리는 이러한 질문들을 마음에 품고 신약성경을 깊이 들여다 볼 필요가 있다.

십자가 위에서 예수님의 피가 흘러내렸다. 그 피는 평범한 인간의 피가 아니었다. 그 피는 성자 하나님의 피였고 영원한 생명을 품은 거룩한 피였다. 신의 생명을 머금은 그 피가 조용히 땅을 향해 떨어졌을 때, 대지는 숨을 죽이고 그 핏방울을 받아 삼켰다. 그 흡수는 종밀이 아니라 새로운 시작이었다. 땅은 더 이상 침묵하지 않고, 고요한 진통을 겪으며 새로운 생명을 잉태하기 시작했다. 마치 우라노스의 피가 바다에 스며들어 아름다운 여신 아프로디테를 탄생시켰던 것처럼, 예수님의 피 또한 대지에 떨어져 눈부시도록 아름다운 여인을 잉태했다. 그녀는 누구인가? 바로, 에클레시아. 아프로디테와 비교할 수 없을 정도로 눈부시게 아름다운 교회였다.

    그녀의 생명력은 실로 놀라웠다. 모진 풍파도, 깊은 어둠도, 그녀를 꺾을 수는 없었다. 그녀는 하늘을 향해 거침없이 뻗어 올랐고, 세상의 거센 저항 속에서도 사방으로 뿌리를 내리며, 그 광활한 생명의 기세를 유감없이 드러냈다. 그럴 수밖에 없었다. 그녀의 혈관에 흐르는 것은 인간의 피가 아니었기 때문이다. 그 피는 신의 피였다. 십자가 위에서 쏟아진 보혈, 곧 생명 그 자체였다. 어느 누구도, 어떤 세력도, 그 피에 담긴 영원한 생명의 힘을 꺾을 수 없었다. 동남풍이 불어올수록, 서북풍이 몰아칠수록, 그녀는 도리어 더 깊이 뿌리내리고, 더 단단히 일어섰다. 그녀는 고난 속에서 꽃을 피웠고, 박해 속에서 더욱 자라났으며, 세상의 끝까지 그리스도의 향기를 흩날렸다. 그녀는 이 땅의 것 같으면서도, 이 땅에 속하지 않은 존재였다. 세상에 없던 새로운 생명의 형태, 새로운 창조의 첫 열매였다. 세상은 감히 그녀를 정의할 수 없었고, 감당할 수도 없었다. 그녀는 인간의 역사 속에서 태어났으나, 그 기원은 하나님의 심장 깊은 곳에서 비롯된 신의 신부였기 때문이다.

에클레시아의 네 가지 속성

    그리스-로마 전승에 따르면, 우라노스의 피는 세 가지 존재를 낳았다. 사랑과 아름다움의 화신 아프로디테, 세상의 질서를 뒤흔든 전사의 형상 거신족, 그리고 배신을 용납하지 않는 공의와 심판의 여신들 에리뉘에스. 메두사의 피는 또 다른 신비를 품고 있었다. 그것은 죽은 자를 소생시키는 피, 죽음을 거슬러 생명을 불어넣는 생명의 정수였다. 그 피는 페가수스와 크뤼사오르를 탄생시켰고, 소수의 망자에게 숨결을 되돌려주었다. 그렇다면 십자가에서 흘러내린 예수 그리스도의 보혈이 낳은 그녀, 즉 에클레시아는 어떤 존재였는가? 놀랍게도, 그녀 안에는 고대 신화가 품었던 모든 상징—미적 (아프로디테의 탄생), 전투적 (거신족의 탄생), 공의적 (에리뉘에스의 탄생), 활력적 (페가수스와 크뤼사오르의 탄생과 망자의 소생) 속성—이 하나로 융합되어 있었다. 이것을 더 자세히 살펴보도록 하자.

첫째, 에클레시아는 아프로디테보다 더 아름답다. 그녀는 단지 외모만 아름다운 것이 아니라 본질적으로, 존재론적으로 더 아름답다. 그녀는 그리스도의 신부이기 때문이다. 그녀는 하나님의 손으로 직접 지으신 걸작품이며, 어린 양의 피로 정결하게 씻김을 받은 존재이다. 그렇기에 그녀의 옷은 하얗고, 그녀의 숨결에는 성령의 향기가 깃들어 있으며, 그녀의 얼굴은 하나님의 영광을 반사한다. 누구도 그녀의 순결을 더럽힐 수 없고, 어떤 것도 그녀의 광휘와 견줄 수 없다. 그녀는 흠이 없고, 주름도 없으며, 아무런 티도 없다(엡 5:27). 그녀는 그리스도를 위해 구속되었고, 그리스도 안에서 새롭게 창조된 하나님의 최고의 작품이다.

> 우리는 하나님의 작품입니다. 선한 일을 하게 하시려고, 하나님께서 그리스도 예수 안에서 우리를 만드셨습니다 …. (엡 2:10)

그녀는 이 세상에 존재하는 가장 거룩하고, 가장 순결하며, 가장 찬란한 실체다. 그녀 안에 하나님의 임재가 거하기 때문이다.

> [16] 여러분은 하나님의 성전이며, 하나님의 성령이 여러분 안에 거하신다는 것을 알지 못합니까? [17] 누구든지 하나님의 성전을 파괴하면, 하나님께서도 그 사람을 멸하실 것입니다. 하나님의 성전은 거룩합니다. 여러분은 하나님의 성전입니다. (고전 3:16-17)

그녀는 세상의 빛과 소금으로서, 이 어두운 시대 속에 하늘의 영광을 드러내는 거룩한 통로가 된다. 그녀는 결코 이 땅의 것으로 국한되지 않는다. 그녀는 하늘에 속한 존재이며, 미래의 영광을 현재로 앞당겨 사는 신비로운 여인이다.

둘째, 그녀는 거신족보다 더 전투적이다. 그녀는 온유한 신부이지만 동시에 강력한 군대다. 사랑받는 존재인 동시에 싸우는 존재다. 그녀는 그리스도의 품에 안긴 신부이면서, 그리스도의 깃발 아래 행진하는 군사이기도 하다. 그러나 그녀의 전쟁은 이 땅에 속한 것이 아니다. 그래서 칼과 활, 총과 대포로 싸우지 않는다. 그녀의 전장은 보이지 않는 차원에 있으며, 그녀의 적은 혈과 육이 아니라, 어둠의 권세들과 하늘에 있는 악한 영들이다. 그녀는 하나님의 전신갑주를 입는다. 진리로 허리를 동이고, 의의 흉배를 붙이며, 평안의 복음으로 신을 신고, 구원의 투구를 쓰고, 믿음의 방패로 불화살을 막고, 성령의 검 곧 하나님의 말씀으로 무장한다.

> ¹² 우리의 싸움은 인간을 적대자로 상대하는 것이 아니라, 통치자들과 권세자들과 이 어두운 세계의 지배자들과 하늘에 있는 악한 영들을 상대로 하는 것입니다. ¹³ 그러므로 하나님이 주시는 무기로 완전히 무장하십시오. 그래야만 여러분이 악한 날에 이 적대자들을 대항할 수 있으며 모든 일을 끝낸 뒤에 설 수 있을 것입니다. ¹⁴ 그러므로 여러분은 진리의 허리띠로 허리를 동이고 정의의 가슴막이로 가슴을 가리고 버티어 서십시오. ¹⁵ 발에는 평화의 복음을 전할 차비를 하십시오. ¹⁶ 이 모든 것에 더하여 믿음의 방패를 손에 드십시오. 그것으로써 여러분은 악한 자가 쏘는 모든 불화살을 막아 꺼버릴 수 있을 것입니다. ¹⁷ 그리고 구원의 투구를 받고 성령의 검 곧 하나님의 말씀을 받으십시오. (엡 6:12-17)

그녀가 믿음으로 일어설 때 어둠은 물러난다. 지하세계의 문조차도 그녀를 이기지 못한다(마 16:18). 그녀가 기도하며 전진할 때 공중의 권세 잡은 자들은 무너지고, 사탄의 권세는 그녀의 발 아래 짓밟힌다(롬 16:20). 그녀는 패배할 수 없는 군대다. 왜냐하면 그녀는 스스로 싸우는 것이 아니라, 하나님께서 친히 그녀 안에서 싸우시기 때문이다. 그녀는 십자가의 깃발 아래 행진하며, 그리스도 안에서 이김을 얻는 승리의 행렬을 이룬다(고후 2:14). 이 군대는 복음을 전하고, 기도하며 전진하고, 세상의 논리로는 결코 이해할 수 없는 방식으로 승리한다. 그녀는 그리스도 안에서 태어난 빛의 군대다. 어둠은 결코 그녀를 이기지 못한다.

셋째, 그녀는 에리뉘에스보다 더 공의롭다. 그녀는 온유하다. 그러나 결코 불의와 타협하지 않는다. 그녀는 사랑의 공동체이자 공의의 대행자다. 그녀는 용서할 줄 알지만 침묵하지 않는다. 죄를 눈감지 않고, 세상의 타락을 방조하지 않는다. 그녀는 하나님의 공의를 대변하는 거룩한 증인이며, 이 세상 한복판에서 정의를 선포하는 심판의 전령이다. 그녀의 눈은 눈물로 가득하지만, 그 눈물은 불의 앞에서 결코 흐려지지 않는다. 그녀의 입술에서 나오는 말씀은 좌우에 날선 검 같으며, 그녀의 외침은 부정과 부패를 향해 퍼붓는 천둥의 화살이다. 그녀는 세상의 죄악을 고발하고, 회개하지 않는 자들을 향해 하나님의 심판을 예고한다(계 2:20-23). 그녀는 하나님의 말씀을 따라 죄를 책망하며, 그 말씀 앞에서 누구도 변명하지 못하게 한다(마 18:15-18). 그녀는 또한 마지막 나팔이다. 심판의 날이 오고 있음을 선언하는 하늘의 나팔 소리요(벧전 4:17), 종말의 법정을 준비시키는 하나님의 사자다. 세상은 종종 그녀를 무시하고 조롱하며 침묵시키려 한다. 그러나 그녀의 입을 닫을 수 있는 존재는 없다. 왜냐하면 그녀 안에는 하나님의 말씀이 불처럼 타오르고 있으며, 그녀의 존재 자체가 이 세상을 향한 거룩한 고발장이기 때문이다. 그녀는 모두가 불의에 침묵하고 있을 때, 확실하게 심판을 선언하는 수행하는 자다(고전 6:2-3).

> ² 성도들이 세상을 심판하리라는 것을 여러분은 알지 못합니까? 세상이 여러분에게 심판을 받겠거늘, 여러분이 아주 작은 사건 하나를 심판할 자격이 없겠습니까? ³ 우리가 천사들도 심판하리라는 것을 알지 못합니까? 그러한데, 하물며 이 세상 일이야 말할 나위가 있겠습니까? (고전 6:2-3)

넷째, 그녀는 페가수스나 크뤼사오르보다 더 생명력으로 충만하다. 그녀는 조직도 아니고 제도도 아니다. 그녀는 살아 있는 유기체이며, 그리스도의 생명에 직결된 거룩한 몸이다(엡 1:22-23). 실제로 그녀는 생명의 말씀을 품고 있다(빌 2:16). 죽음의 그늘이 짙게 드리운 세상 한복판에서 그녀는 꺼지지 않는 생명의 빛을 발한다(요 1:4-5). 그녀는 생명이 마른 영혼에게 생기를 불어넣는 하나님의 강이 흐르는 정원이며, 영원한 생명이 솟아나는 하늘의 샘이다(요 4:14; 요일 5:11-12). 그녀는 수많은 시대를 거치며 조롱당하고 핍박받고 짓밟혔으나, 그 누구도 그녀를 죽일 수 없었다. 그녀의 생명은 사람에게서 난 것이 아니라, 하나님의 피로부터 흘러나왔기 때문이다(행 20:28). 그렇기에 그녀는 결코 사라지지 않는다. 그녀는 날마다 새롭게 다시 태어난다. 그녀는 예수 그리스도 안에서 영원히 살아 있다(요 15:5-6). 세상은 그녀를 막으려 했고, 그 생명을 끊으려 했다. 그러나 그때마다 그녀는 더욱 강하게 더욱 눈부시게 되살아났다. 그녀의 피는 곧 하나님의 피였기 때문이다. 그녀의 숨결은 성령의 숨결이었기 때문이다. 그녀는 페가수스보다 더 높이 날고, 크뤼사오르보다 더 짙게 삶을 영위하며, 무덤보다 깊은 절망 속에서도 다시 살아나는 생명의 증표다.

에클레시아, 그 아름다운 신부

이처럼 십자가 위에서 흘러내린 보혈은 단순한 희생의 흔적이 아니었다. 그 피는 대지에 닿아 소멸되지 않고 도리어 잉태하였다. 그 피는 죽음으로 마감되지 않고 도리어 생명을 낳았다. 그 피로부터 탄생한 생명은 세상이 감당할 수 없는 생명이었다. 죽음을 초월하고 시간조차 굴복시키는 영원한 생명이었다. 그 생명의 이름은 에클레시아, 곧 교회였다. 그녀는 아름다웠다. 세상의 어떤 피조물보다 순결하고 찬란하고 거룩했다. 그녀는 전투적이었다. 어둠을 향해 나아가는 하나님의 군대였고 전신갑주로 무장한 빛의 전사였다. 그녀는 공의의 나팔수였다. 세상의 죄악을 고발하며 심판의 진리를 담대히 외쳤다. 그녀는 생명의 어머니였다. 죽은 자를 일으키고 마른 뼈에 숨을 불어넣는 하늘 생명의 통로였다. 그녀는 단순한 종교 조직이 아니다. 그녀는 단순한 인간 공동체도 아니다. 그녀는 예수 그리스도의 피에서 태어난 신비이며, 하나님의 가장 위대한 걸작품이다. 그녀는 어둠을 몰아내고 빛을 비추며 하늘의 생명을 이 땅 가운데 흘려보낸다. 그녀는 살아 있다. 그녀는 움직인다. 그녀는 사랑한다. 그녀는 예배한다. 그녀는 기다린다. 신랑 되신 그리스도께서 다시 오시는 그날을. 그녀는 하나님의 피가 잉태한 영광의 신부이며, 보혈로부터 탄생한 가장 위대한 기적이다.

전혀 다른 유출의 양상

이제 우리는 근본적인 질문 앞에 서게 된다. 이교 신들의 피와 예수 그리스도의 보혈 사이에는 과연 어떤 차이가 있는가? 그 차이는 단순히 '누구의 피인가?'에 있지 않다. 오히려 더 근본적인 두 질문이 그 차이를 결정짓는다. '그 피는 어떻게 흘려졌는가?', 그리고 '왜 흘려졌는가?' 이 두 질문 앞에서 고대 신들의 피와 예수님의 보혈은 본질적으로 갈라진다.

먼저, 우라노스의 피를 보자. 그것은 결코 자발적인 유출이 아니었다. 그는 자신의 아들 크로노스에게 기습적으로 공격을 받아 강제로 거세당했고, 저항조차 해보지 못한 채 피를 흘렸다. 그 피는 그의 의지나 계획과 무관하게 대지로 떨어졌다. 그리고 그 피에서 태어난 존재들—아프로디테, 거신족, 에리뉘에스—중 그 누구도 우라노스가 의도한 결과는 아니었다. 한마디로 원함도, 목적도, 계획도 없는 피였다. 우라노스의 피는 폭력의 산물이었고, 그 피로부터 태어난 생명들 역시 사랑의 열매가 아닌 우연의 부산물이었다. 다시 말해, 그의 피는 끌어낸 피가 아니라 쏟아진 피였고, 피의 유출은 필연이 아니라 우연이었다.

그렇다면 메두사의 피는 어떠한가? 그녀가 흘린 피 또한 자발적인 유출이 아니었다. 그 피는 페르세우스의 칼날에 의해 강제로 흘려진, 철저히 타의적이며 비자발적인 피였다. 메두사의 피는 그녀의 의지와 무관하게 땅과 바다로 쏟아졌고, 그 결과로 날개 달린 말 페가수스와 황금 검을 지닌 자 크뤼사오르가 탄생했다. 이들은 메두사가 바란 적도, 계획한 적도 없는 생명들이었으며, 그녀의 뜻과는 아무런 관련이 없는 부산물이었다. 다시 말해, 메두사의 피는 창조의 의지를 담은 피가 아니라, 참혹한 죽음의 여파로 무의미하게 흘러내린 피였다. 그 피의 유출은 목적이 있는 서사의 산물이 아니라, 폭력적 사건의 흔들림 속에 튀어나온 파편이었다.

그러나 예수님의 보혈은 전혀 달랐다. 그것은 사랑으로 선택된 피, 스스로 흘리기로 작정한 피였다. 예수님은 자신 앞에 놓인 길이 십자가로 이어진다는 것을 알고 계셨다. 배반당할 것을 아셨고, 고난과 죽음이 얼마나 잔혹할지도 아셨다. 그럼에도 그 길을 피하지 않으셨다. 왜인가? 당신의 피가 대지에 스며드는 그 순간, 새로운 생명이 잉태될 것을 아셨기 때문이다. 곧 그분의 피는 결코 우연히 흘린 피가 아니었다.

> 이것은 죄를 사하여 주려고 많은 사람을 위하여 흘리는 나의 피, 곧 언약의 피다. (마 26:28)

> 아무도 내게서 내 목숨을 빼앗아 가지 못한다. 나는 스스로 원해서

내 목숨을 버린다. 나는 목숨을 버릴 권세도 있고, 다시 얻을 권세도
있다. (요 10:18)

들었는가? 이처럼 예수님의 보혈은 우연이 아니었다. 그 피는
우발이 아닌 계획이었고, 강요가 아닌 사랑의 선택이었다. 그것은
필연이었다. 우라노스와 메두사는 저항할 수 없는 운명 속에서 피
를 흘렸지만, 예수님은 스스로의 의지로 기꺼이 피를 흘리셨다. 왜
냐하면 자신의 피로 인해 탄생할 그녀, 곧 교회를 미리 보셨고 미
리 기뻐하셨기 때문이다. 이것이 이교 신들의 피와 예수님의 보혈
사이에 존재하는 결정적인 차이며, 그 피에서 태어난 생명의 본질
을 완전히 다르게 만드는 분기점이다. 예수님의 피 없이는 교회도
없고, 구원도 없으며, 새 생명도 없었다. 십자가 위에서 흘러내린 보
혈은 인류의 구속을 위한 거룩한 결단의 결정체였다.

또 다른 유출의 양상

아스클레피오스가 사용한 메두사의 피와 예수님이 흘린 보혈
사이에도 넘을 수 없는 결정적인 차이가 있다. 아스클레피오스는
신들 중 가장 위대한 치유자였다. 생명과 죽음의 경계를 넘나드는
신비한 능력을 손에 넣었고, 죽은 자를 소생시키는 비밀을 얻었다.
하지만 그 생명의 힘은 그의 피에서 비롯된 것이 아니었다. 그것은
타자의 피, 곧 메두사의 피에 기인한 것이었다. 아스클레피오스는

자신의 생명을 쏟은 것이 아니었다. 그는 생명을 주었지만 대가를 치르지 않았다. 그가 나눈 생명은 자신의 희생에서 태어난 열매가 아니라 외부로부터 빌려온 힘의 부산물이었다. 결국 그는 타인의 능력을 위탁받은 대리자에 불과했다.

그러나 예수님은 전혀 달랐다. 그분은 타인의 피를 빌려 쓰지 않으셨다. 그분은 자신의 피를 내어 주셨다. 그분의 혈관을 타고 흐르던 거룩한 피, 그분의 심장에서 직접 쏟아진 구속의 보혈, 그 피야말로 죽은 자를 살리고 죄인을 정결케 하며 영원한 생명을 낳는 근원이었다. 그것은 외부에서 주입된 힘이 아니라 사랑에서 흘러나온 능력이었고, 신적 존재 그 자체로부터 솟구친 생명이었다.

> [53] 예수께서 그들에게 말씀하셨다. "내가 진정으로 진정으로 너희에게 말한다. 너희가 인자의 살을 먹지 아니하고, 또 인자의 피를 마시지 아니하면, 너희 속에는 생명이 없다. [54] 내 살을 먹고, 내 피를 마시는 사람은 영원한 생명을 가지고 있고, 마지막 날에 내가 그를 살릴 것이다. [55] 내 살은 참 양식이요, 내 피는 참 음료이다." (요 6:53-55)

이처럼 예수님은 자신의 피로 성도의 부활을 약속하셨다. 자신의 보혈로 우리에게 영원한 생명을 보장하셨다. 아스클레피오스는 타인의 피를 빌려 생명을 나누었지만, 예수님은 자신의 피를 흘려 우리를 살리셨다. 그 피는 대신 마련된 생명이 아니었다. 그 피는 스스로 내어 주신 생명이었다. 그리고 바로 그 희생을 통해, 예수님은 우리의 부활을 친히 보증하셨다. 그분의 피는 생명의 보증서이며, 부활의 언약이며, 죽음을 넘어선 사랑의 영원한 증표이다.

> 우리는 이 아들(= 예수 그리스도) 안에서 하나님의 풍성한 은혜를 따라 그의 피로 구속 곧 죄 용서를 받게 되었습니다. (엡 1:7)

> 그(=예수 그리스도)는 우리 죄를 자기의 몸에 몸소 지시고서, 나무에 달리셨습니다. 그것은, 우리가 죄에는 죽고 의에는 살게 하시려는 것이었습니다. 그가 매를 맞아 상함으로 여러분이 나음을 얻었습니다. (벧전 2:24)

> [25] 나는 부활이요 생명이니, 나를 믿는 사람은 죽어도 살고, [26] 살아서 나를 믿는 사람은 영원히 죽지 아니할 것이다. 네가 이것을 믿느냐? (요 11:25-26)

이 얼마나 위대한 희생인가! 예수님은 결코 주저하지 않으셨다. 망설이지 않으셨다. 하늘의 보좌를 뒤로한 채, 기꺼이 이 땅의 가장 낮은 자리까지 내려오셨고, 마침내 십자가 위에서 자신의 피를 아낌없이 쏟아 내셨다. 그 피는 한 방울 한 방울마다 사랑의 깊이를 품고 있었고, 흐르면 흐를수록 도리어 더 맑고도 붉게 타올랐다. 그것은 단순히 병든 육신을 고치는 약이 아니었다. 죽음을 잠재우는 자장가가 아니었고, 고통을 덮는 진통제도 아니었다. 그 피는 죽음을 무너뜨리는 불멸의 망치였고, 어둠을 찢는 영원의 칼날이었다. 또한 생명을 창조하는 거룩한 원형질이었고, 영원을 열어젖히는 하나님의 심장이었다.

나는 믿는다.
나는 고백한다.
나는 선포한다.

예수님의 보혈은
그 어떤 신들의 피보다도
더 붉고,
더 맑고,
더 무겁고,
더 찬란하며,

더 진하다는 사실을.

에필로그 \ 이번 여행을 마치며

다시 현실로 돌아온 우리

이제 우리는 4차원의 포털을 지나 다시 오늘로 돌아왔다. 시간과 공간, 신화와 복음, 상징과 실재가 교차하는 여정을 따라 우리는 먼 과거로 걸어 들어갔고, 그 여정 끝에서 다시 현재라는 이름의 경계선 위에 섰다. 우리가 살펴본 바에 따르면, 예수님의 공생애를 구성하는 요소들은 단지 윤리적 가르침이나 도덕적 본보기를 넘어서는 훨씬 더 넓고 높고 깊고 풍성한 차원을 품고 있었다. 우리는 진중한 탐색을 통해 하나의 질문을 조심스럽게 던져 보았다. "예수 그리스도의 복음은 헬레니즘 세계의 이방인들에게도 낯설지 않고 오히려 매력적으로 다가갔을 수 있었던 것은 아닐까?"

물론 나는 이 질문에 성급한 일반화를 허락하지 않는다. 이미 「프롤로그」에서 밝힌 바와 같이, 나는 모든 고대인이 이 책에서 제시된 방식 그대로 예수 전통을 이해했다고 주장하지 않는다. 그런 식의 전면적 일치를 상상하는 것은 학문적으로도 정직하지 않다. 그러나 그렇다고 해서 아무도 그렇게 이해하지 않았으리라고는 더욱 생각하지 않는다. 아니, 오히려 그렇게 이해했을 이들이 분명 존재했으리라고 생각한다. 왜냐하면 헬레니즘 세계는 신화적 상상력의 토양 위에 자라난 정신의 숲이었고, 그 숲의 나뭇잎 하나하나에는 신과 인간의 운명에 대한 질문들이 스며 있었기 때문이다.

그리고 바로 그러한 토양 위에 예수 그리스도의 복음이 떨어졌다. 그 복음은 고대인들에게 제법 익숙하면서도 전혀 새로운 이야기를 담은 소식으로 피어났을 것이다. 헬레니즘 세계의 수많은 청중 가운데, 신화적 감수성과 상징적 직관을 통해 예수님의 공생애 이야기를 이해하고 받아들인 이들이 존재했을 가능성은 결코 작지 않다. 어쩌면 바로 그 신화적 상상력이야말로, 그들이 예수님을 숭고하고 진실된 신인(神人)으로 받아들일 수 있었던 통로였는지도 모른다.

아직 끝나지 않은 여정

그리스-로마 신화 전통에 낯선 일부 독자들에게 이 책이 작은 충격으로 다가왔을 수 있다. 익숙하지 않은 이야기들, 기괴한 상징들, 그리고 복음과 신화를 병치하는 낯선 해석들 앞에서 공감과 의문, 수용과 반박 사이를 쉼 없이 오갔을지도 모른다. 때로는 이 글이

"허구"처럼 느껴졌을 것이고, 또 때로는 "진실"처럼 다가왔을 것이다. 그리고 어떤 순간에는 허구와 진실, 그 경계 어딘가에 서 있는 "무언가"로 여겨졌을 수도 있다. 하지만 나는 감히 말하고 싶다. 그 모든 반응은 다 옳았다고. 아니, 오히려 그러한 반응들이야말로 독서의 본질적 증거이며, 사유가 움직이고 있다는 징표라고.

그렇다. 질문이 생긴다면, 그것은 사고가 깨어났다는 뜻이다. 낯섦에 불편을 느낀다면, 그것은 기존의 관념이 시험대에 올랐다는 증거다. 공감하거나 혹은 반박하고 싶었다면, 그것은 당신 안에서 새로운 대화가 시작되었다는 신호다. 그러니 이 책의 여정을 마주한 독자들이여, 취할 것은 취하고 버릴 것은 버리며 마음속에 건져 낸 것들을 당신만의 방식으로 숙성시켜 보기를 바란다. 만일 그 무엇이라도 당신의 사유를 자극하고, 당신 안에서 다시 다른 질문을 낳았다면, 그것 하나로도 이 시간 여행은 충분히 의미 있었던 것이라고 생각하기를 바란다. 이제 우리는 제자리에 돌아왔고, 책은 덮이려 한다. 그러나 아직 이야기는 끝나지 않았다. 왜냐하면 진정한 이야기는 책장 위가 아니라 당신의 마음에서 시작되기 때문이다. 어쩌면 지금 이 순간부터 당신만의 여행이 시작될지도 모른다.

책은 결코 저자의 손에서 완성되지 않는다. 그것은 단지 시작일 뿐이다. 진정한 완성은 그 책이 독자의 삶 속에서 다시 읽히고, 다시 해석되고, 다시 살아날 때 이루어진다. 어떤 문장은 독자의 마음속에서 전혀 다른 문장으로 다시 태어나고, 어떤 질문은 이전보다 더 깊은 질문을 낳는다. 그렇게 지식은 머무르지 않고 흘러간다. 고여

썩지 않고, 끊임없이 갱신된다. 그 흐름 속에서 우리는 단지 정보를 습득하는 것뿐 아니라 또한 깨달음의 결을 다시 만지고 세상의 결을 다시 묻는다. 지식은 소통 속에서 자라고, 연대 속에서 깊어지지 않던가? 우리는 함께 묻고 함께 성찰하며 더 깊은 이해와 더 넓은 포용을 향해 나아갈 수 있다. 때로는 서로 다른 시선이 충돌할 것이다. 그러나 그 충돌은 파괴가 아니라 이해의 문턱이 될 수 있다. 침묵이 말을 대신하고 경청이 대답이 되는 그 순간이야말로 진리가 가장 선명하게 다가오는 시간일 수 있다. 우리가 그렇게 서로의 다름을 견디며 서로의 사유를 품에 안을 수 있다면, 우리는 진실이라는 지평선에 한 걸음 더 가까이 다가설 수 있을 것이다.

저자의 소망

이제 시간이 되었다. 이 책의 마지막 장을 덮으며, 나는 작은 소망 하나를 독자들에게 살며시 건네고자 한다. 그것은 곧, 성자 하나님의 공생애를 상상할 때 그 상상력을 너무 서둘러 이성의 틀로 가두지 말아 달라는 부탁이다. 때로는 요한복음 속의 맹인이 되어 빛을 처음 맞이하던 그 놀라운 떨림을 체험해 보자. 때로는 다마스쿠스로 향하던 바울이 되어 눈부신 빛에 눈멀었던 그 순간의 전율을 경험해 보자. 그리고 때로는 오랜 신화의 운명 속에서 진리를 더듬던 이교도가 되어, 처음으로 낯선 예수님을 마주한 그 당혹과 매혹을 함께 느껴보자. 그리하여 마침내 '나'의 시선에서 벗어나 '타자'

의 눈으로 공생애의 사건을 다시 응시해 보자. 그 낯선 읽기 안에서 우리는 오히려 더 선명하게 예수님의 얼굴을 발견하게 될지도 모른다.

성경은 단지 읽는 책이 아니다. 그것은 독자를 과거의 사건 속으로 초대하는 살아 있는 문이며, 상상력을 통해 의미의 빈 공간을 함께 메워 나가는 오묘한 이야기다. 기록되지 않은 여백을 읽는 힘, 침묵 속에서 말씀을 듣는 능력, 바로 그것이 거룩한 상상력이다. 그 상상력은 하나님과 인간 사이, 시간과 영원의 경계에서 다리를 놓는다. 상상력이 없다면 그 경계를 건널 수 없다. 인간은 생각하기에 존재한다고 했던가? 그렇다면 나는 이렇게 말하고 싶다. 인간은 상상하기에 위대하다고.

이제 그만 펜을 놓는다. 그러나 이 책이 독자들 안에서 다시 쓰이고 다시 읽히며 다시 질문되기를 바란다. 그렇게 또 하나의 사유가 싹트고 또 하나의 상상이 꽃피운다면, 우리는 또 다른 여정의 길에 함께 오를 수 있을 것이다. 「낯설게 읽기 시리즈」의 제3권, 『성화, 그 아름다운 여정: 성도의 삶 낯설게 읽기』에서 다시 한번 4차원의 포털을 열기 전까지, 독자들의 삶 가운데 낯설게 다가오는 예수님의 발걸음이 점점 더 가까워지기를 진심으로 바란다.

소그룹 나눔

소그룹 나눔 \ 제1장 로미오와 줄리엣, 그리고 태양신

1. 가정된 배경지식, 생략된 배경지식

셰익스피어는 「로미오와 줄리엣」에서 가정된 배경지식을 활용한다. 가정된 배경지식이란 저자와 독자 사이에 이미 공유되어 있는 정보로, 굳이 부연 설명을 하지 않아도 되는 지식을 의미한다. 셰익스피어는 그리스-로마 신화에서 파에톤 전통의 일부를 끌어다 썼지만, 그 전통이 무엇인지 미주알고주알 설명하지 않는다. 자신의 독자들도 이미 알고 있을 것이라고 가정했기 때문이다. 이럴 경우 파에톤 전통은 「로미오와 줄리엣」 안에서 가정된, 그리고 생략된 배경지식으로 기능하게 된다. 문제는 독자들이 파에톤 전통을 알지 못할 경우, 텍스트를 해석하는 데 의미의 공백이 생긴다는 점이다.

성경을 읽을 때도 동일한 문제가 발생할 수 있다. 신약성경의 저자들은 그리스-로마 시대의 독자들을 염두에 두고 글을 썼다. 당시

저자와 독자 사이에도 공유되었던 가정된 배경지식이 있었으며, 저자들은 그것을 부언 설명 없이 자연스럽게 활용했다. 문제는 21세기의 현대인들이 성경을 읽을 때, 가정된 배경지식의 단절로 인해 동일한 의미의 공백이 발생한다는 점이다. 그렇다면 이러한 공백을 어떻게 메울 수 있을까?

2. 선택적인 일 vs 필수적인 일

파에톤 전통을 몰라도 「로미오와 줄리엣」의 전체적인 흐름을 이해할 수 있다. 즉, 가정된 배경지식이 없어도 작품의 거시적 의미를 파악하는 데는 큰 문제가 되지 않는다는 것이다. 이를 근거로 생략된 배경지식을 복원하여 가정된 배경지식의 의미를 찾는 일은 "선택적인 일"이지 "필수적인 일"은 아니라고 주장할 수도 있다. 그러나 이러한 주장이 하나님의 특별계시인 성경을 대하는 데 있어서도 정당한 태도라고 말할 수 있을까?

3. 그리스-로마 신화의 역할

신약성경의 저자가 사용한 가정된 배경지식 중에는 그리스-로마 전통이 있다. 그 전통 속에는 신화적 요소도 포함되어 있다. 그러나 이교 신화에 알레르기 반응을 보이는 일부 현대 그리스도인들은 그리스-로마 신화에 대해 의도적으로 언급을 회피하거나, 노골적으로 거부반응을 보이기도 한다. 이러한 분위기 속에서는 그리스-로마 전통을 고려하며 신약성경을 읽는 방식 자체가 터부시될 수 있다. 그 결과 고대 독자들이 이해했을 의미의 층위에 접근하는 통로가 차단되고, 신약성경 본문의 다층적인 의도와 수사적 전략을 놓치게 되는 문제가 발생하기도 한다.

그렇다면 이러한 문제를 어떻게 해결할 수 있을까? 그리스-로마 전통에 기반한 배경지식의 회복을 통해 신약성경의 의미를 더 풍성하게 이해할 수 있다는 점을, 신앙을 훼손하지 않고도 설명할 수 있는 건전한 방법은 없을까?

4. 계시와 신화 사이에서

제1장에서 나는 하나님의 특별계시와 신화의 전통 사이에 서 있다고 밝혔다. 그 부분을 다시 읽고 이러한 태도를 취할 때 신학적으로 혹은 해석학적으로 조심해야 할 부분이 무엇인지 함께 논의해 보자.

이와 같은 이유로 나는 지금 하나님의 특별계시와 신화의 전통 사이에 서 있다. 누군가는 이 길이 위험한 줄타기라 말하고, 또 누군가는 신앙의 타협이라 말한다. 사실 나 역시 한때는 그렇게 생각했기 때문에 그들의 우려가 낯설지 않고, 그 불안에 공감할 수 있다. 그래서 이 길을 피해가고 싶었고, 의지적으로 외면하기도 했다. 그러나 이 길에는 나를 자석처럼 끌어당기는 힘이 있었다. 거부할 수 없는 그 힘은 나를 이끌었고, 결국 나는 신화의 세계 한복판에서 계시를 마주하게 되었다.

이럴 수가. 내가 신화의 세계 한복판에서 마주한 계시는 눈부시도록 아름다웠다. 그것은 평면적인 교리를 입체화했고, 박제된 진리를 다시 호흡하게 만들었다. 텍스트 속에 갇혀 있던 말씀이 피와 살이 되어 내 안에서 살아 움직이기 시작했다. 그제야 실감할 수 있었다. 초기 그리스도인들이 왜 그토록 예수님께 열광했는지를.

되돌아보면 나를 이 길로 이끈 그 힘은 섭리였다. 나는 여전히 이 길 위에 있다. 아직 다다르지 못한 곳도 많고, 때로는 두려움이 엄습하기도 한다. 그러나 이 여정은 두려움보다 훨씬 더 큰 기쁨과 경이로 가득하다. 매일의 삶 속에서 눈부시도록 아름다운 계시가 나를 기다리고 있기 때문이다. 이 책은 그런 여정 중에 만난 소소한 기쁨을 독자와 나누기 위해 집필된 책이다.

5. 자유로운 질문 나눔

위의 질문 외에도, 제1장의 내용과 관련하여 떠오른 다른 질문이 있다면 자유롭게 나눠 보자.

소그룹 나눔 \ 제2장 나는 사랑을 강요하지 않는다

1. 지니의 사랑 철학

디즈니 애니메이션 「알라딘」에 등장하는 지니는 "타인의 마음을 강제로 움직일 수는 없다"라고 말하며, 알라딘의 소원—자스민 공주가 자신을 사랑하게 해 달라는 부탁—을 들어주는 것을 거절한다. 이는 사랑이란 강요될 수 없으며, 자율적인 선택이어야만 진정한 사랑이라고 믿는 철학이 전제된 행동이다. 사랑의 자율성과 인격적 선택의 중요성을 강조하는 지니의 사랑 철학은 성경이 말하는 사랑과 얼마나 가까울까? 하나님께서 우리를 먼저 사랑하셨고, 우리가 자유롭게 그 사랑에 응답하길 원하신다는 성경의 메시지를 고려하며 생각을 나눠 보자.

2. 마틴 로이드 존스의 생각

다음은 하나님께서 우리와 관계를 맺는 방식에 대한 마틴 로이드 존스의 생각이다. 인용문에 담긴 내용을 "하나님의 사랑"이라는 주제에 대입하여 대화를 나눠 보자.

"우리는 하나님께서 성령을 통해 우리 안에서 일하실 때, 그것이 기계적으로 이루어지는 것이 아님을 분명히 이해해야 합니다. 하나님은 우리의 의지를 강제로 꺾지 않으십니다. 복음을 믿도록 억지로 강요하지도 않으십니다. 그것은 하나님의 일하시는 방식이 아닙니다. 하나님은 우리를 자동인형처럼 다루지 않으십니다. 하나님께서 하시는 일은 우리의 의지를 '설득'하시는 것입니다. 하나님은 진리를 우리에게 매력적으로 보이게 하십니다. 그렇기에 복음을 자신의 의지에 반하여 믿은 사람은 단 한 사람도 없습니다. 그는 복음을 그토록 원하고, 감탄하고, 기뻐하게 되는 방식으로 그것을 보게 된 것입니다. 이것은 우리의 실제 경험과도 일치합니다. 한때 우리는 이러한 것들 속에서 아무런 가치도 보지 못했지만, 지금은 그것들이 우리에게 전부가 되었습니다. 이 차이는 우리 안에서 일하신 성령 하나님의 역사로 인해 우리가 변화되었다는 사실로 설명됩니다. 한때 지루하고, 시시하고, 아무런 매력도 없어 보이던 진리가, 어느 순간 우리 귀에 들려온 가장 놀랍고도 아름다운 소식이 된 것입니다."[1]

---

1 David Martyn Lloyd-Jones, *God's Ultimate Purpose: An Exposition of*

3. 제우스의 사랑 vs 예수님의 사랑

그리스-로마 신화 속에서 제우스는 탁월한 자, 곧 외모가 빼어나거나 능력이 뛰어난 자에게 불멸의 생명을 허락한다. 예를 들어, 가뉘메데스는 눈부신 외모 덕분에 올림포스로 가게 되어 영원한 생명을 얻는다. 제우스의 선택은 '선택받을 만한 가치'가 있는 자만이 신의 사랑을 받을 수 있다는 기준을 반영한다. 반면에, 신약성경에서 예수님은 우리가 아직 죄인이었을 때 우리를 위해 죽으셨고, 스스로 아무 자격도 내세울 수 없는 우리에게 영생을 선물로 주신다. 그래서 오히려 약하고, 실패하고, 죄 많은 자들이 예수님의 사랑을 더 깊이 경험한다. 만약 제우스의 선택적 사랑에 대해 익히 들어 알고 있던 고대인이 예수님의 사랑을 접했다면, 그 사랑을 어떻게 이해했을까?

4. 사랑? 정말 사랑일까?

오늘날 일부 사람들은 '사랑'을 이유로 타인의 자유를 침해하기도 한다. 또한 상대방으로부터 거절을 당했을 때 '사랑'을 이유로 분노하거나, 심지어 폭력과 살인이라는 극단적인 방식으로 반응하기도 한다. 이들은 자신이 누군가를 진심으로 사랑했기 때문에 고통받고 있다고 말하지만, 그런 사랑은 진정한 사랑이라고 할 수 없다.

Ephesians 1 (Carlisle, PA: Banner of Truth Trust, 1978), 239-240.

누군가를 사랑한다고 느낄 때, 그 감정은 상대의 자유와 선택을 존중하는 방식으로 나타나야 한다. 사랑이란 상대방의 '예스'뿐 아니라 '노'도 받아들일 수 있는 감정이기 때문이다. 이 점을 기억하며, 아래의 질문에 답해 보자.

- 누군가가 내 마음을 받아 주지 않았을 때, 그럼에도 불구하고 나는 그 사람을 여전히 한 인격체로 존중할 수 있는가? 아니면 '사랑을 거부한 대가'를 치르게 해야 한다는 생각이 마음 어딘가에 자리 잡고 있는가?

- 사랑이라는 이름 아래 집착과 소유욕이 자리 잡고 있다면, 그것은 진정한 사랑이 될 수 있을까?

- 예수님께서는 어째서 우리가 당신을 '억지로' 사랑하도록 만들지 않으셨을까? 어째서 '자유롭게' 사랑하도록 초대하셨을까? 그리고 이러한 방식은 인간의 자유의지를 얼마나 깊이 존중하고 있는가?

- 지금까지의 관계 속에서, 사랑을 통해 누군가를 지배하거나 소유하려 했던 적은 없었는가? 혹은 누군가가 나에게 그런 태도로 다가와 불편하거나 두려웠던 적은 없었는가?

5. 자유로운 질문 나눔

위의 질문 외에도, 제2장의 내용과 관련하여 떠오른 다른 질문이 있다면 자유롭게 나눠 보자.

소그룹 나눔 \ 제3장 내 암브로시아를 먹고, 내 넥타르를 마시라

1. 영생으로의 초대

고대 신화 전통에 따르면, "무엇을 먹는가?"는 곧 "누구인가?"를 결정한다. 하늘에서 내려오신 예수님의 살과 피가 섭취되어 인간 안에 들어온다는 복음의 메시지를 들은 고대인들을 떠올려 보자. 그들은 성도를 그저 구원받은 존재로만 이해하지 않고, 궁극적으로 천상의 존재로 변화될 운명을 지닌 자로 인식했을 것이다. 평균 수명이 약 25세에 불과했던 고대 세계에서, 영원한 생명으로 초대하시는 예수님의 부르심에 고대인들은 과연 어떻게 응답했을까?

2. 소수를 위한 축복 vs 다수를 위한 축복

고대 신화에서 암브로시아와 넥타르는 신들과 소수의 영웅들에

게만 허락된 특권적인 음식이었다. 그러나 예수 그리스도는 당신을 믿는 모든 이들에게, 천상의 음식과 음료인 자신의 살과 피를 아낌없이 나누어 주셨다. 이처럼 제한된 소수에게만 허락되던 신적 음식이 예수 그리스도를 믿는 자라면 누구에게나 열려 있다는 급진적인 전환을, 고대인은 과연 어떻게 이해했을까?

3. 희생을 통한 선물

이교의 신들이 인간에게 넥타르와 암브로시아를 나눌 때, 사실상 아무런 희생도 감수하지 않았다. 제우스를 비롯한 올림포스의 신들은 단지 남아도는 천상의 영양소를 일부 선택된 인간에게 흘려보냈을 뿐이다. 그것은 신들의 여유에서 비롯된 시혜였지, 자기희생이나 혹은 고통의 산물이 아니었다. 그러나 예수 그리스도께서 우리에게 주신 천상의 양식은 그 본질부터 전혀 다르다. 여분에서 비롯된 것이 아니라 상상조차 할 수 없는 희생의 결과로 만들어졌다. 그것은 하나님의 아들이신 그분의 몸이 찢기고, 혈관에서 피가 쏟아져 나오는 십자가의 고통을 통해 마련된 양식이었다. 이 천상의 음식은 하늘에 남아돌던 잉여가 아니라 주님의 몸에서 뜯겨 나오고 피로 뽑아낸, 온 우주에 단 하나뿐인 거룩한 실체였다. 이 극명한 차이를 신화에 익숙했던 고대인들이 접했을 때, 그들은 과연 예수님께서 주시는 살과 피를 어떻게 받아들였을까?

4. 칭의에 멈춰 버린 우리

암브로시아와 넥타르는 불멸성을 제공하는 신적 음식에 불과했지만, 예수 그리스도의 살과 피는 단순한 영생의 약속을 넘어 존재의 근본적 변화를 요구한다. 그러나 오늘날 많은 그리스도인들은 칭의에는 깊은 관심을 두는 반면, 성화에는 상대적으로 무관심한 모습을 보인다. 예수 그리스도의 살과 피를 먹는 행위가 그저 생명을 유지하기 위한 상징적 수단으로 여겨질 뿐, 그 내면에 요청되는 성품의 변화와 삶의 갱신에는 무감각한 경우가 적지 않다. 그렇다면 우리는 어떠한가? 그리스도의 살과 피를 섭취하는 우리는 성화를 향한 여정을 걷고 있는가? 지금 내 삶에서 성령의 열매는 어떤 모습으로 드러나고 있는가? 그것은 주변 사람들이 분명히 인식할 만큼 뚜렷한가?

5. 작심삼일의 결단

"작심삼일이어도 삼일마다 다시 결심하면 된다"는 말을 어떻게 생각하는가? 이런 신앙을 하나님께서 미워하실까, 아니면 기뻐하실까? 함께 나눠 보자.

6. 자유로운 질문 나눔

위의 질문 외에도, 제3장의 내용과 관련하여 떠오른 다른 질문이 있다면 자유롭게 나눠 보자.

소그룹 나눔 \ 제4장 내 빛, 너의 어둠을 몰아낸 참 빛

1. 오리온과 장님

오리온은 헬리오스의 빛을 보기 위해 끝없는 여정을 떠나야 했던 반면, 요한복음 9장에 등장하는 맹인은 빛이신 예수님의 방문을 받았다. 인간이 진리를 보기 위해 신에게 능동적으로 나아가야 한다는 그리스-로마의 신화적 인식과, 하나님이 먼저 찾아오신다는 복음의 선언은 서로 어떻게 충돌하거나 조화를 이루는가?

2. 의지적 구속 서사 vs 하향적 은혜 서사

시력을 되찾기 위해 긴 여정을 떠난 오리온의 이야기는 의지적 구속 서사인 반면, 예수님의 방문을 받은 요한복음 속 맹인의 이야기는 하향적 은혜 서사다. 이를 기억하며 아래의 질문에 답해 보자.

- 복음이 전적으로 하나님의 은혜에 의한 구원임을 말할 때, 인간의 진리 탐구, 도덕적 분투, 삶의 갈망은 무의미해지는 것인가? 아니면 복음은 인간의 여정을 더 깊이 있는 방식으로 조명해 주는 새로운 틀을 제공하는가?

- 은혜를 받는다는 것은 완전히 수동적인 것인가, 아니면 응답이 요구되는 역동적인 만남인가? "구원은 하나님의 은혜로만 주어진다"는 말은 인간의 모든 여정을 무효화하는 선언인가, 아니면 그 여정을 하나님의 손안에 있는 것으로 재구성하는 선언인가?

3. 맹인은 세상 죄 가운에 있는 모든 사람을 상징하는가?

요한복음 9장의 맹인은 물리적 실명자이지만, 예수님의 선언과 요한복음 전체의 맥락은 그를 영적 시력을 상실한 인간의 전형으로 제시하는 듯하다. 이럴 경우 세상 죄 속에서 태어난 모든 인간은 결국 '영적 맹인'이라고 할 수 있다. 그렇다면 예수님은 어떤 방식으로 우리를 찾아오는 분인가?

4. 시력의 회복과 죄

오리온 신화와 요한복음 전통은 빛과 어둠이라는 모티프를 잘 반영하고 있다. 두 이야기 속의 주인공은 절망적 어둠 속에 있었다가, 빛을 통해 새로운 삶의 국면에 접어든다. 하지만 두 전통에 등장하는 빛과 어둠의 개념에는 무시할 수 없는 차이가 있다. 그 차이가 무엇인지를 나눠 보자. 그리고 나눈 바를 인간의 실존적 관점을 통해 구체화해 보자.

5. 빛과 우리, 그리고 삶

신약성경은 예수님의 빛을 단순한 깨달음을 주는 통로가 아니라 존재를 변화시키는 능력이라고 말한다. 그렇다면 나는 과연 그 빛을 통해 어떻게 변화되어 왔는가? 그리고 지금은 어디쯤 서 있는가? 이 질문을 성화, 곧 예수님의 살과 피를 섭취한 자에게 나타나는 변화의 증거 차원에서 나눠 보자.

6. 자유로운 질문 나눔

위의 질문 외에도, 제4장의 내용과 관련하여 떠오른 다른 질문이 있다면 자유롭게 나눠 보자.

소그룹 나눔 \ 제5장 지하세계에 울려 퍼진 나의 목소리

1. 빛으로 하강하신 예수님

성경은 예수 그리스도의 속성 가운데 하나를 빛으로 특정한다. 실제로 예수님의 영과 영광스러운 몸에서 빛이 흘러나온다는 전통은 다양한 문헌에서 확인된다. 이러한 전통은 그리스-로마 세계의 상위 신들에 대한 묘사와도 유의미한 공명을 이룬다. 예를 들어, 디오뉘소스 전승에 따르면, 올림포스의 최고신 제우스의 본체에서는 인간이 감히 바라볼 수 없을 만큼 찬란한 빛이 뿜어져 나온다. 이러한 배경을 염두에 두고, 예수님의 영이 어둠으로 지배되는 지하세계—곧 결코 빛이 들어가서는 안 된다고 여겨지던 장소—로 빛을 발하시며 내려가시는 모습을 상상해 보자. 이 이미지가 고대인들에게 전달했을 메시지는 무엇이었을까?

2. 예수님의 음부 하강 사건

그리스-로마 시대의 신관에 따르면, 지하세계는 제우스조차 함부로 내려갈 수 없는 장소였다. 모든 신들은 각자가 관리하고 있는 영역이 있었고, 그 영역에서 가장 큰 힘을 발휘할 수 있었다. 예컨대, 제우스의 영역은 하늘이었고 포세이돈의 영역은 바다였다. 지하세계는 하데스의 영역이었다. 따라서 지하세계의 권력자는 하데스였다. 이를 기억하며, 베드로의 선언—예수님께서 지하세계에 내려가셔서 선포하셨다는 선언—을 묵상해보자. 다신론이 살아 숨 쉬던 그 시절, 이 선언이 뜻하는 바는 무엇이었을지를 논해 보자.

3. 타나토스와 하데스의 열쇠

그리스-로마 시대의 이교도는 죽음과 관련된 신들이 망자의 영혼을 가두는 감옥의 열쇠를 쥐고 있다고 믿었다. 당대의 한 전통에 따르면, 저승의 열쇠를 소유한 하데스는 저승의 문들을 굳게 잠그기 때문에, 그곳에 들어간 자는 다시 이승으로 돌아올 수 없다고 여겨졌다. 그러나 성경의 증언에 따르면, 예수님께서는 "타나토스와 하데스의 열쇠들"을 소유하고 계신다. 그리고 예수님을 믿는 모든 자에게 부활의 약속, 곧 타나토스와 하데스의 영역에서 영원히 벗어나게 하시겠다는 약속을 주신다. 이러한 약속을 들은 고대인들의 반응은 어땠을까? 함께 논의해 보자.

4. 빛이신 예수님과 빛으로 옷 입은 성도

요한계시록 19장, 특히 5절에서 8절까지는 마지막 때의 환희와 구원의 절정을 예언자적 언어로 묘사하고 있다. 이 장면은 하나님을 찬양하는 거대한 무리의 음성으로 가득하며, 모든 성도가 어린 양의 혼인 잔치에 초대되는 놀라운 비전을 보여준다. 그 가운데 특히 눈길을 끄는 것은 신부의 옷, 즉 성도의 옷에 대한 서술이다.

> [5] 그 때에 그 보좌로부터 음성이 울려왔습니다. "하나님의 모든 종들아, 하나님을 두려워하는 사람들아, 작은 자들과 큰 자들아, 우리 하나님을 찬양하여라." [6] 또 나는 큰 무리의 음성과 같기도 하고, 큰 물소리와 같기도 하고, 우렁찬 천둥소리와 같기도 한 소리를 들었습니다. "할렐루야, 주 우리 하나님, 전능하신 분께서 왕권을 잡으셨다. [7] 기뻐하고 즐거워하며, 하나님께 영광을 돌리자. 어린 양의 혼인날이 이르렀다. 그의 신부는 단장을 끝냈다. [8] 신부에게 빛나고 깨끗한 모시 옷을 입게 하셨다. 이 모시 옷은 성도들의 의로운 행위다." (계 19:5-8)

이 본문에 따르면 어린 양의 신부, 곧 성도가 입을 옷이 빛나고 깨끗한 옷이라고 한다. 그런데 그 옷은 "성도들의 의로운 행위"라고 부연되어 있다. 이러한 상징은 성경 전체에서 자주 등장하는 의복과 정체성의 관계를 요한계시록 고유의 묵시적 언어로 소개한 것이다. 성경에서 옷은 종종 인간의 상태나 신분을 상징한다. 그런 점에서 요한계시록 19장에서 말하는 "빛나고 깨끗한 모시 옷"은 단지 외적 장식이나 천상의 복장에 관한 설명이 아니다. 그것은 성도들의 삶에서 드러난 의로운 행위, 곧 믿음으로 말미암아 새롭게 된 삶의 열매가 실질적으로 신부의 예복이 된다는 묵시적 선언이다. 이를 염두에 두고, 성도들의 의로운 행위, 빛의 옷, 예수님의 속성을 연결히며 논의해 보자.

5. 자유로운 질문 나눔

위의 질문 외에도, 제5장의 내용과 관련하여 떠오른 다른 질문이 있다면 자유롭게 나눠 보자.

소그룹 나눔 \ 제6장 너의 운명, 내가 뒤엎었다

1. 인간의 운명을 바꾼 신의 희생

그리스-로마 신화에서 운명은 절대 불변의 법칙으로 작용한다. 그것은 단순한 예측이나 신탁이 아니라, 우주의 질서를 지탱하는 근본원리로 여겨졌다. 운명은 인간의 생사뿐 아니라 신들의 행위마저 제한하며, 올림포스의 주재자인 제우스조차도 운명의 여신들이 결정한 바를 번복할 수 없었다. 곧 운명은 신보다 상위의 질서였다.

흥미롭게도, 성경 역시 인간이 죄로 인해 심판을 향한 정해진 궤도 위에 놓여 있다고 선언한다. 그러나 그리스도교의 복음은 이 궤도가 반드시 고정된 것이 아님을 선포한다. 예수 그리스도의 신적 개입으로 말미암아, 심판을 향해 치닫던 인류의 운명은 생명으로 향하는 새로운 궤도로 전환될 수 있었다. 이로써 예수님을 믿는 성도들은 죽음의 궤도에서 벗어나 생명의 길로 이동하게 된다.

고대의 그리스-로마 청중이 이러한 성경적 메시지를 처음 접했을 때, 그들이 받았을 충격은 실로 컸을 것이다. 그들에게 운명이란 피할 수 없는 굴레였고, 심지어 신조차 그 법을 거스를 수 없었기 때문이다. 오직 한 가지 예외적인 개념이 존재했다면 그것은 대체적 죽음, 곧 누군가가 대신 죽음으로써 타인을 살리는 방식이었다. 성경은 바로 이 지점을 정면으로 관통한다. 인간이 멸망을 향해 달려가던 운명에서, 예수 그리스도의 대속적 희생으로 인해 전혀 다른 결말을 맞이하게 되었음을 선언한다. 신이 인간을 대신하여 죽었다는 이 급진적 메시지, 곧 '전능한 신이 가장 연약한 인간의 자리로 내려와 대신 죽었다'는 이 역설적 메시지를 들은 고대인들은 과연 어떻게 반응했을까?

2. 알케스티스 전통과 예수님의 대체적 죽음

알케스티스는 사랑하는 남편 아드메토스를 살리기 위해 자신의 생명을 자발적으로 내어 주는 대체적 죽음을 선택했다. 그녀의 희생은 그리스-로마 세계에서 "사랑의 극치"로 여겨졌으며, 인간의 운명을 바꿀 수 있는 유일한 변수로서 오랫동안 회자되었다. 이는 고대 세계에서 매우 예외적이고 숭고한 행위로 간주되었다.

반면, 신약성경은 예수님께서 당신의 신부인 에클레시아를 위해 단지 대체적 죽음만이 아니라, 죄를 담당하는 대속적 죽음을 선택하셨다고 증언한다. 알케스티스는 의로운 자 하나를 위해 자신을 내어 주었지만, 예수님은 아직 죄인이었고 그분을 거부하던 자들을 위해 죽으셨다(롬 5:8). 예수님의 죽음은 단순히 한 생명을 살리기 위한 희생이 아니라 인류 전체의 구속을 위한 결정적인 개입이었다.

우리는 여기에서 한 가지 중요한 질문을 만난다. 알케스티스 한 사람은 아드메토스 한 사람을 위한 대체자였다. "이에는 이, 눈에는 눈"이라는 공식에 따라 한 사람의 죽음이 한 사람의 생명값이 된 것이다. 이런 공식에 따르면, 예수님 한 사람의 죽음은 타인 한 사람의 생명값이라는 논리가 형성된다. 그러나 예수님 한 사람의 죽음은 그분을 믿는 모든 성도들의 생명값으로 기능한다. 이런 차이가 발생하는 이유가 무엇일까? 혹시 알케스티스와 예수님 사이에 있는 존재론적 차이 때문일까? 그리고 제5장에서 나눴던 예수님의 모습—타나토스와 하데스의 열쇠들을 쥐고 계신 예수님의 모습—이 이 질문에 유의미한 빛을 비춰 줄까?

> [17] … "두려워하지 말아라. 나는 처음이며 마지막이요, [18] 살아 있는 자다. 나는 한 번은 죽었으나, 보아라, 영원무궁 하도록 살아 있어서, 타나토스와 하데스의 열쇠들(τὰς κλεῖς τοῦ θανάτου καὶ τοῦ ᾅδου)을 가지고 있다. (계 1:17-18)

3. 친구를 위한 죽음

요한복음 15장에는 친구를 위한 친구의 죽음에 대한 내용이 있다 이 내용을 아드메토스의 운명을 전복한 알케스티스의 대체적 죽음 전통을 안경 삼아 해석해 보자.

> [12] 내 계명은 이것이다. 내가 너희를 사랑한 것과 같이, 너희도 서로 사랑하여라. [13] 사람이 자기 친구를 위하여 자기 목숨을 내놓는 것보다 더 큰 사랑은 없다. [14] 내가 너희에게 명한 것을 너희가 행하면, 너희는 나의 친구이다. (요 15:12-14)

4. 헤라클레스의 싸움과 예수님의 사역

알케스티스 전통에는 또 하나의 놀라운 이야기가 전해진다. 알케스티스가 남편 아드메토스를 대신하여 죽었을 때, 마침 그의 궁궐을 방문 중이던 영웅 헤라클레스가 그 소식을 접하게 된다. 아내가 남편을 위해 자발적으로 죽음을 택했다는 사실에 깊이 감동한 헤라클레스는 감히 누구도 상상하지 못한 계획을 세운다. 죽음의 신 타나토스의 손아귀에서 알케스티스의 영혼을 되찾기로 결단한 것이다.

헤라클레스는 지체 없이 알케스티스의 무덤으로 달려간다. 그의 전략은 단순하면서도 대담하다. 타나토스가 그녀의 영혼을 저승으로 완전히 데려가기 전에, 그 손에서 빼앗아 온다면 그녀를 다시 이승으로 되돌릴 수 있다는 계산이었다. 무덤에 도착한 헤라클레스는 초인적인 힘과 불굴의 의지를 총동원하여 죽음의 신과 맞서 싸운다. 그 격렬한 싸움 끝에 그는 마침내 타나토스의 손에서 알케스티스의 영혼을 빼앗는 데 성공한다. 그리하여 죽음의 경계를 넘었던 알케스티스는 다시 소생하게 되고, 결국 사랑하는 남편의 품으로 돌아오게 된다.

이러한 신화적 전통을 염두에 두고 예수 그리스도의 대속적 사역을 고찰할 때, 몇 가지 중요한 지점이 부각된다. 왜냐하면 예수님의 죽음과 부활은 알케스티스의 숭고한 희생과 헤라클레스의 영웅적 전투라는 두 신화적 모티프를 모두 포괄하고 있기 때문이다. 첫째, 예수님 역시 알케스티스처럼 사랑하는 이들을 위해 자발적으로 죽음을 맞이하셨다. 둘째, 예수님도 헤라클레스처럼 죽음의 권세 아래 놓인 이들을 해방시키기 위해 싸우셨다.

그럼에도 불구하고, 두 신화 전통과 복음 서사 사이에는 결정적인 차이점들이 존재한다. 첫째, 헤라클레스의 싸움은 한 사람의 영혼을 위한 것이었지만, 예수님의 사역은 인류를 위한 전투였다. 이는 "이에는 이, 눈에는 눈, 생명에는 생명"이라는 균형의 원리를 넘어서는 대속의 범위를 시사한다. 둘째, 예수님의 사역은 소생이 아니라 부활을 목표로 한다. 헤라클레스는 알케스티스에게 소생—망자의 영혼이 본래의 육신, 곧 다시 죽게 될 육신으로 돌아오는 것—을 선물로 줬지만, 예수님은 성도의 영혼에게 부활—망자의 영혼이 새로운 육신, 곧 죽음을 맛보지 않을 신적 육신을 입는 것—을 보장하셨다.

신화적 상상력이 살아 숨 쉬던 그리스-로마 시대의 고대인들이 위에 언급한 공통점과 차이점을 인식했다고 가정해 보자. 그리고 이들이 예수님의 사역을 어떻게 이해했을지 논해 보사.

5. 아이네이아스와 바울

카르타고의 여왕 디도와 사랑에 빠진 아이네이아스가 잊고 있던 것이 있었다. 그것은 제우스(=유피테르)가 부여한 사명, 곧 이탈리아로 향해 로마의 기초를 놓는 운명적 소명이었다. 결국 제우스는 전령의 신 헤르메스를 보내어 그의 기억을 일깨운다. 제우스의 메시지를 받은 아이네이아스는 사랑과 안락의 도시를 등지고 다시금 바다로 향했고, 그의 여정은 결국 로마 제국이라는 문명의 시작으로 이어졌다.

반면, 바울은 전혀 다른 상황에서 운명적 전환을 맞는다. 그는 예수 운동을 이단으로 규정하고 교회를 핍박하는 데 앞장섰다. 그러나 부활하신 예수님께서 친히 그에게 나타나 말씀하신다. "사울아, 사울아, 네가 왜 나를 박해하느냐?" 이 초자연적 개입은 바울의 삶을 근본적으로 뒤바꾼다. 그는 곧 예수 그리스도의 종으로 부름 받고 아이네이아스가 세운 제국의 심장, 곧 제우스의 자존심을 상징하는 제국의 중심지를 향해 나아간다. 그리고 다신론적 가치 위에 세워진 제국의 질서를 복음으로 해체하고 재구성하는 일을 시작한다. 제우스의 제국을 예수 그리스도의 왕국으로 변혁시키는 일을 시작한 것이다.

요컨대, 아이네이아스는 제우스의 이름으로 제국을 세웠고, 바울은 예수 그리스도의 이름으로 그 제국을 뒤흔들었다. 다신론적 세계관에 익숙했던 고대인들의 눈에 바울의 사역이 어떤 방향성과 가치를 반영하는지 논해 보자.

6. 자유로운 질문 나눔

위의 질문 외에도, 제6장의 내용과 관련하여 떠오른 다른 질문이 있다면 자유롭게 나눠 보자.

소그룹 나눔 \ 제7장 내 피는 다른 신들의 피보다 진하다

1. 신의 피와 새로운 생명

"죽은 신의 피에서 생명이 태어난다"라는 그리스-로마 신화의 전승은 죽음과 탄생의 경계에 대한 새로운 시선을 제공한다. 우라노스의 피는 아름다움의 화신 아프로디테, 세상을 뒤흔드는 전사의 형상 거신족, 배신을 용납치 않는 복수와 정의의 에리뉘에스를 낳았다. 그리고 메두사의 피는 페가수스와 크뤼사오르를 낳았고, 일부 망자를 소생시켰다. 이 관점을 염두에 두고, 성자 하나님의 피가 교회를 탄생시켰다는 그리스도교의 가르침을 논해 보자.

2. 생명의 존엄성

우라노스와 메두사의 피로부터 새로운 생명이 잉태된다는 신화

는 비의도적 생명 창출이라는 개념을 제기한다. 이는 창조 또는 출생이 반드시 부모의 계획, 목적, 동의에 의해 이루어져야만 하는가에 대한 철학적 질문으로 이어진다. 하지만 성경의 증언에 따르면, 예수님께서 자발적으로 흘리신 피는 모든 사람을 위한 것이었다. 부모의 계획 아래 태어난 존재이든, 그렇지 않든 상관없이 말이다. 그 피는 모든 생명에 대한 하나님의 사랑과 구속 의지를 드러낸다. 이러한 가르침은 생명의 존엄성에 대한 이해를 어떻게 재정립하게 하는가? 인간 생명의 가치는 그 출생의 경로에 따라 차등화될 수 있는 것인가, 아니면 하나님의 시선 아래 모든 생명은 동일한 가치를 지니는가?

3. 죽음, 또 다른 시작의 조건

그리스-로마 신화 속 신의 죽음은 단순한 종말이 아니라 또 다른 시작의 조건이다. 신의 희생에서 새로운 생명이 잉태하는 이러한 구조는 그리스도교적 부활 신앙과 어떻게 접속하거나 충돌하는가? 예컨대, 메두사의 전승에서 보이듯 신적 존재의 죽음과 인간의 생명은 대체 관계에 놓여 있다. 이러한 서사 구조는 인간 존재의 가치를 신의 희생 위에 놓는 고대 사유의 흔적일까, 아니면 신성과 인간성 사이의 본질적 긴장을 드러내는 장치일까? 이를 고려하며 예수님의 희생과 우리의 생명 사이에 있는 긴장 관계에 대하여 나눠 보자.

4. 교회의 속성

그리스-로마 전통에서 신의 피 흘림은 단순한 유혈이 아니라 새로운 생명을 탄생시키는 신적 에너지의 근원이었다. 아프로디테의 탄생은 미적 속성을, 에리뉘에스의 탄생은 공의적 속성을, 거신족의 탄생은 전투적 속성을, 그리고 페가수스와 크뤼사오르의 탄생은 생명의 상징성을 보여준다. 이런 상징들을 교회에 비추어 본다면, 교회는 단순히 하나되고 거룩하고 보편적이며 사도직인 정적 구조가 아니라, 미, 정의, 전투성, 생명의 역동성이 통합된 존재로 이해될 수도 있다. 그렇다면 전통적인 교회론과 비교할 때, 이 상징적 접근은 교회의 본질에 대해 어떤 새로운 통찰을 제공하는가? 교회는 과연 아름다움을 드러내는 공동체인가? 세상과의 싸움을 감내하는 전투적 주체인가? 악을 심판하고 질서를 세우는 공의의 대리자인가? 그리고 죽은 자를 살리는 생명력의 원천인가? 이러한 교회의 속성은 지금까지 우리가 알고 있던 교회의 속성과 어떤 면에서 차이가 있는지 논해 보자.

5. 자유로운 질문 나눔

위의 질문 외에도, 제7장의 내용과 관련하여 떠오른 다른 질문이 있다면 자유롭게 나눠 보자.

낯설게 읽기 시리즈 2
인간과 함께한 신: 예수님의 공생애 낯설게 읽기

초판1쇄	2025년 9월 24일
저자	이상환
편집	박선영 서요한 여운송 이학영
디자인	와이앤와이 (ynybookdesign@gmail.com)
발행처	도서출판 학영
이메일	hypublisher@gmail.com
FAX	02-6305-8198
페이스북	/hypublishingcompany
인스타그램	@hy.pub
스레드	@hy.pub
ISBN	9791193931134 (03230)
정 가	16,000원